I0804584

ELOGIOS PARA *LIDERAZGO ACELERADO*

He dirigido muchas organizaciones, y cada vez que golpeaba un techo era por un problema con una persona o con un proceso. En *Liderazgo Acelerado*, mi amigo Sam Chand nos ayuda a entender que el tamaño y la velocidad de nuestras organizaciones están controlados por sus sistemas y su estructura. Este libro proporciona formas prácticas de pensar, y nos desafía a realizar los cambios necesarios.

—John C. Maxwell, autor de éxitos de ventas del *New York Times* y conferencista

La enseñanza de Sam Chand es un arma secreta que tiene como resultado el aumento de materialización eficaz de tu potencial aún sin explotar.

—Obispo T. D. Jakes, autor de éxitos de ventas del *New York Times*

La experiencia y aportación únicas de Chand aseguran que todo lo que salga de su mano y su corazón animará, equipará e inspirará. *Liderazgo Acelerado* aporta ideas muy valiosas y una fresca perspectiva para el líder que busca ese "algo más" necesario para desatar nuevos niveles de crecimiento y progreso.

—Brian Houston, pastor principal de la iglesia *Hillsong*

El Dr. Sam Chand revela los principios organizacionales que hay detrás del telón, y que conducen a los éxitos públicos. *Liderazgo Acelerado* ofrece consejos prácticos y fáciles de entender para crear los sistemas y estructuras que ayudarán a tu organización a crecer más rápido.

—Craig Groeschel, pastor de *Life.Church* y autor de éxitos de ventas del *New York Times*

Liderazgo Acelerado nos muestra cómo facilitar el máximo crecimiento sin comprometer la pasión, convicción y conexión con aquellos a quienes servimos. Con una sabiduría atemporal y una relevancia actual, este libro nos inspira a maximizar el impacto que podemos tener como líderes.

—Chris Hodges, pastor principal de Church of the Highlands; autor de *Fresh Air* y *The Daniel Dilemma*

Sam Chand entiende que a menos que hagamos preguntas, no recibiremos respuestas. En este libro nos beneficiamos inmensamente de sus preguntas, las cuales finalmente incitan nuevas ideas y posibilidades dentro de nosotros.

—Obispo Dale Carnegie Bronner, Sr., D. Min., autor, y fundador y pastor principal de *Word of Faith Cathedral*, Atlanta, Georgia

Cada vez que nuestra iglesia ha necesitado ajustes en nuestra estructura, Sam ha sido instrumental y certero en proporcionar los cambios adecuados para nosotros. Leer este libro te dará la fuerza y el valor para hacer lo que sabes que tienes que hacer como líder.

—Judah y Chelsea Smith, pastores principales de *City Church*

Sam Chand es un líder extraordinario. En este libro usa su conocimiento y sus años de experiencia para enseñar que el mayor crecimiento viene de los detalles más pequeños. ¡Este libro es lectura obligada para los líderes!

—John y Lisa Bevere, fundadores de *Messenger International* y autores de éxitos de ventas

Liderazgo Acelerado te ayudará a crear sistemas y estructuras que te llevarán a donde quieres ir. Sam Chand proporciona soluciones que funcionarán para ti, tus equipos y tu organización.

—Jentezen Franklin, pastor principal de *Free Chapel*; autor de éxitos de ventas del *New York Times*

Sam Chand ampliará tu pensamiento, te dará herramientas nuevas, y te ayudará a navegar por tu viaje de liderazgo. Recomiendo mucho este libro para ti y para tus equipos.

—Mark Batterson, autor del éxito de ventas del *New York Times* de *The Circle Maker*, pastor principal de *National Community Church*

Este libro definitivamente ayudará a cada líder a llegar más rápido y con más precisión a donde quiere ir. Gracias, Sam, por este libro tan genial, ya que ayudará a muchas personas.

—Phil Pringle, fundador y presidente de C3 *Church International*

Sam lo ha vuelto a hacer: ¡cada párrafo en este libro está cargado de oro puro de liderazgo! Es lectura obligada para cada líder y miembro de algún equipo que se atreva a creer que los mejores días de su empresa o iglesia ¡aún están por llegar!

—Jeff y Beth Jones, pastores, autores, maestros de *Valley Family Church* y *The Basics With Beth*

Este es definitivamente un libro que usaremos como equipo para avanzar y hacer crecer nuestra iglesia hasta el siguiente nivel.

—Pastor Andre Olivier, pastor principal de *Rivers Church*, Sudáfrica; autor de *Biblical Principles for Business Success* y *Finding a Way to Win*

El Dr. Chand es una fuente de extraña sabiduría de liderazgo que ampliará tu pensamiento. Si quieres hacer algo pequeño o lento, ¡entonces no leas este libro!

—William Vanderbloemen, fundador y CEO de *Vanderbloemen Search Group*

Liderazgo Acelerado desata una gran esperanza para cualquier líder que sienta que hay una brecha entre la visión y su realidad. Te lo recomiendo mucho.

—Paul De Jong, pastor principal de *Life Church*, Nueva Zelanda

El fascinante caso de estudio de Sam de la construcción del Canal de Panamá desafiará a cada líder para volver a evaluar su situación con nuevos ojos. Lo mejor de todo es que te animará a no abandonar.

—Carey Nieuwhof, autor y pastor fundador de Connexus Church

Todo lo que dice este libro me atrae. Si conoces a Sam, este es su siguiente gran logro. Y si no conoces a Sam, este libro es un maravilloso lugar donde empezar.

—Phil Cooke, doctor, cineasta, consultor mediático y autor de *Unique: Telling Your Story in the Age of Brands and Social Media*

Ya sea que dirijas una empresa, iglesia, organización sin fines de lucro, académica o atlética, ¡este libro es lectura obligada!

—Brian Dodd, conservador de contenido de la página web *Brian Dodd On Leadership*; autor de *10 Indispensable Practices of the 2-Minute Leader*

Sam Chand comparte valiosas ideas en este libro tan útil, diseñado para darte herramientas prácticas para tu propio viaje de liderazgo, así como para dirigir la eficacia organizacional.

—Brad Lomenick, fundador de *BLINC*; autor de *H3 Leadership* y *The Catalyst Leader*

Este libro es único e innovador, y contiene destacados ejemplos tangibles de reveses y soluciones. *Liderazgo Acelerado* te hará mejor tanto en tu liderazgo como en tu vida.

—Dave Martin, fundador de *Ultimate Life Seminars*, autor de *12 Traits of the Greats*.

Este libro es lectura obligada para aquellos que han perdido el viento en sus velas, y necesitan ayuda para mover un barco hacia delante.

—Maury Davis, pastor principal de *Cornerstone*, Nashville, Tennessee

¿Alguna vez te has visto lleno de visión y metas, pero avanzando a tropezones en el camino para llegar allí? El Dr. Chand es tanto el que aclara la visión, como el que materializa la visión. Nos equipa para que nos demos cuenta de cuál es nuestro máximo potencial.

—Benny y Wendy Perez, pastores principales de *Church LV*

Sam no subestima los buenos sistemas y estrategias, sino que nos ayuda a ir más allá de donde comienzan a estancar la organización.

—Ron Edmondson, pastor, autor, bloguero

El Dr. Chand es uno de los líderes de opinión más brillantes que conozco.

—Dr. Mark J. Chironna, *Church on the Living Edge*, *Mark Chironna Ministries*, *The Issachar Initiative*

Dios ha usado a Sam a menudo en mi vida para ayudarme a crecer más aceleradamente como líder, para que pudiera dirigir ministerios con un crecimiento más acelerado. ¡Todo líder debería leer este libro!

—Shawn Lovejoy, fundador y CEO de Courage To Lead.com; autor de *Be Mean About the Vision: Relentlessly Protecting What Matters*

No conozco a nadie más capaz de hablar de las estructuras de liderazgo y organizacionales que el Dr. Sam Chand. Estoy muy contento de que esté poniendo sus ideas a nuestra disposición en este libro. Si quieres crecer, ¡mejor que crezcas rápido!

—Michael Pitts, *Cornerstone Church*, Toledo, Ohio

Liderazgo Acelerado es lectura obligada para todos los que están intentando descifrar el desasosiego de liderar.

—Mike Robertson, pastor principal de *Visalia First Assembly*

Muy pocos pueden señalar las necesidades críticas de una organización con una precisión tan alta como la del Dr. Samuel Chand. De nuevo, el Dr. Chand desentierra un tesoro.

—Jeff Scott Smith, Presidente de *JSS Consulting Inc.*

Si necesitas ayuda para enfocar una visión, desarrollar un plan o edificar sistemas ampliables, este es un recurso estupendo.

—Michael Lukaszewski, CEO de *Church Fuel*

LIDERAZGO ACELERADO

LECCIONES PARA UN CRECIMIENTO MÁXIMO Y VELOZ

SAMUEL R. CHAND

WHITAKER HOUSE
Español

Itálicas y negritas en los textos y citas bíblicas son énfasis del autor.

Traducido por:
Belmonte Traductores
Manuel de Falla, 2
28300 Aranjuez
Madrid, ESPAÑA
www.belmontetraductores.com

Editado por: Ofelia Pérez

Liderazgo Acelerado
Lecciones para un crecimiento máximo y veloz
ISBN: 978-1-62911-974-8
Ebook ISBN: 978-1-62911-975-5
Impreso en los Estados Unidos de América.

www.samchand.com

Publicado originalmente en inglés en el 2017, bajo el título
Bigger, Faster Leadership
por Thomas Nelson, una marca registrada de HarperCollins Christian Publishing, Inc.

Whitaker House
1030 Hunt Valley Circle
New Kensington, PA 15068
www.whitakerhouseespanol.com

Por favor, envíe sugerencias sobre este libro a: comentarios@whitakerhouse.com.

3 4 5 6 7 8 9 10 11 𝐰 24 23 22 21 20 19 18

ACERCA DE Leadership Network

Leadership Network fomenta los movimientos de innovación que activan a la Iglesia para un mayor impacto. Ayudamos a dar forma a las conversaciones y prácticas de iglesias que marcan el paso en Norteamérica y por todo el mundo. La mentalidad de Leadership Network identifica a líderes eclesiales con ideas iluminadas, y les ayuda a catalizar esas ideas, resultando en movimientos que dan forma a la Iglesia.

Junto a HarperCollins Christian Publishing, la firma más grande en libros cristianos, la marca NEXT de Leadership Network implementa ideas para que los líderes den forma, sustancia y realidad a sus ideas. Puesta en las manos de otros líderes de iglesias, esa realidad comienza a extenderse de un líder a otro... y al siguiente... y al siguiente, donde esa idea comienza a prosperar hasta convertirse en un movimiento plenamente desarrollado que crea un impacto real y tangible en el mundo que le rodea.

NEXT: UN RECURSO DE LEADERSHIP NETWORK COMPROMETIDO A AYUDARTE A DESARROLLAR TU SIGUIENTE IDEA.

NEXT
LEADERSHIP NETWORK

LEADNET.ORG/NEXT

Contenido

DEDICATORIA

Tengo el claro privilegio de viajar por el mundo para realizar consultorías con líderes destacados en el ministerio y en el mercado, hablar en conferencias, enseñar en mesas redondas de liderazgo, e influenciar a organizaciones para que tengan un futuro dramáticamente mejor.

Nada de eso sería posible sin dos miembros de mi equipo que entienden el *Liderazgo Acelerado*. De hecho, lo personifican. Son mis dos hijas. Ellas evalúan oportunidades continuamente, y adaptan nuestros recursos para que logren un mayor impacto. Cada día y en todas las formas posibles, viven en base al tema de este libro: tu tamaño y velocidad están controlados por tus sistemas y estructuras.

Rachel y Debbie son mis queridas hijas, socias empresariales brillantes y sentidas animadoras.

Gracias, amor, y más por venir, mayor y aceleradamente.

INTRODUCCIÓN

Mayor. Más rápido. Mayor y más rápido. Ejecutivos empresariales, pastores y líderes de organizaciones sin fines de lucro quieren que sus organizaciones tengan mayor tamaño y velocidad. Necesitan entender el principio fundamental que impulsa un crecimiento más rápido. Es un principio que descubrí hace algunos años en una tarde sorprendente.

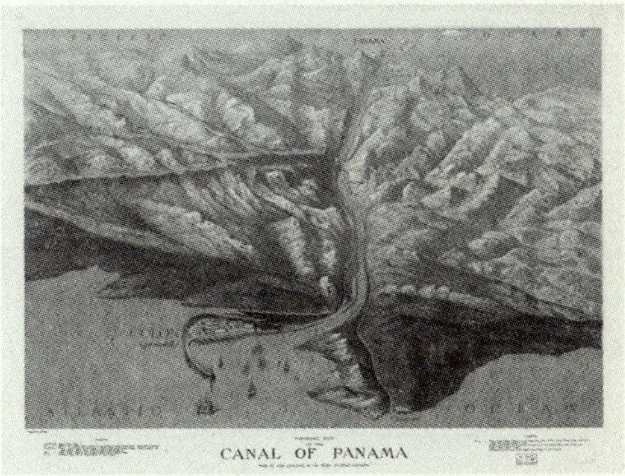

BIBLIOTECA DEL CONGRESO

Nunca había estado en Ciudad de Panamá, pero en enero de 2013 me invitaron a hablar en una conferencia allí. Con dos amigos, Maury Davis y J. Don George, llegué en un vuelo que aterrizó un día antes de la primera sesión del evento, así que tuvimos bastante tiempo para ver los lugares. Maury y Don habían estado en Panamá varias veces, y me preguntaron si quería que me llevaran en un *tour* personal por el Canal de Panamá. Para ser sincero, estaba muy emocionado por poder ver algo de lo que había oído hablar toda mi vida.

Más o menos una hora después, allí estábamos, ante el agradable sol de mediodía en una plataforma de observación, viendo algunos de los barcos más grandes de la tierra entrando y saliendo de las esclusas cuyas puertas parecían rascacielos. Los cascos de los barcos estaban solo a pocos pies de distancia por cada lado. Al instante me di cuenta de que eso era una maravilla de la ingeniería, una maravilla del mundo.

Podría haberme quedado allí mirando fijamente a los barcos durante horas, pero Don y Maury me tenían preparadas más cosas para ver. Me llevaron al museo que contaba la asombrosa y compleja historia del canal. Mientras asimilaba la forma en que se construyó el canal, me di cuenta en ese momento de que estaba mirando uno de los principios de liderazgo más importantes que había descubierto jamás: el tamaño y la velocidad de los barcos están completamente controlados por los sistemas y estructuras creados por los ingenieros y los obreros.

> El tamaño y la velocidad de los barcos están completamente controlados por los sistemas y estructuras.

Aprendí que el Canal de Panamá no fue solo una buena idea; fue una necesidad económica. Durante siglos, exploradores, reyes, presidentes y líderes empresariales intentaron encontrar una manera de acortar el viaje desde el Atlántico hasta el Pacífico. Cruzar el estrecho istmo de América Central ofrecía muchas promesas, pero demostró ser un desafío abrumador. Aún así, parecía que las dificultades justificaban los riesgos. En ese día de enero, el costo de llevar un barco de mercancías por el canal era de 500 mil dólares comparado con los 3 millones de dólares que costaba viajar alrededor de la punta sureste de Sudamérica, y subir por el otro lado del continente. Para los ejecutivos de compañías de transporte, el éxito está definido de forma clara y simple: trasladar mercancía de forma económica y rápida de puerto a puerto; en este caso, de un puerto en un océano a un puerto en otro.

Durante más de un siglo en cada paso de la excavación, construcción y operación del canal, políticos e ingenieros vivieron con la tensión creativa de visión, control y sumisión. Los líderes aprovecharon los talentos de muchos expertos distintos, y ellos usaron tres elementos distintos del agua: los océanos, un lago y un río. La diversidad y la creatividad no fueron obstáculos; fueron necesidades.

Dondequiera que voy, líderes en iglesias, organizaciones sin fines de lucro y empresas me dicen en privado: "Sam, falta algo, pero no puedo señalar lo que es. Tiene que haber algo más". Se sienten vagamente desanimados con que sus organizaciones no estén creciendo más y moviéndose más rápido, pero no pueden encontrar una solución adecuada a su dilema. Y ese día con mis dos amigos en el Canal de Panamá me dio una decena de ideas nuevas sobre liderazgo. Tomé muchas notas mientras estaba de pie en la plataforma de observación y caminaba por el museo esa tarde, y me di cuenta de que más pasión no es la respuesta, y que tener sueños más grandes no siempre es la solución. Todo líder se hace estas dos preguntas: ¿Cómo podemos crecer? y ¿Cómo podemos crecer más rápido? La única forma en que las organizaciones pueden crecer más y avanzar más rápido es acelerando la excelencia de sus sistemas y estructuras.

> La única forma en que las organizaciones pueden crecer más y avanzar más rápido es acelerando la excelencia de sus sistemas y estructuras.

Al compartir lo que aprendí en el canal, algunas personas quizá se hayan preguntado: "¿Cómo obtuvo todos esos principios de liderazgo solamente mirando al agua y al cemento?". Hay una respuesta sencilla. Cuando un pintor entra en una casa, observa la calidad del trabajo de pintura de cada habitación. Cuando un mecánico se sube al automóvil de un amigo, oye diminutos sonidos que le dicen mucho sobre el estado del auto. Cuando una doctora habla con un desconocido, observa detalles del aspecto de esa persona que pueden señalar un problema de salud no detectado. Cuando un músico escucha una canción, oye notas vocales y calidades tonales de los instrumentos que pocos de nosotros llegamos a notar. Y cuando Sam Chand camina por la vida, todo está relacionado con el liderazgo, incluso la última película, una conversación casual o una visita al Canal de Panamá.

En cuestión de diez minutos en la plataforma de observación y mirando el lento y firme movimiento de barcos y esclusas, las sinapsis en mi cerebro comenzaron a conectar lo que estaba viendo con nuevos principios de liderazgo. Cuando salí del museo, tenía al menos una comprensión rudimentaria del asombroso proceso requerido para diseñar y construir una estructura tan colosal. Me intrigaba especialmente el hecho de que aunque los primeros esfuerzos por excavar el canal se desarrollaron principalmente a mano y con el uso del vapor, la tecnología ha avanzado tanto a lo largo de los años que las esclusas y los barcos ahora avanzan sin esfuerzo según la entrada digital.

La historia del canal, como veremos, es una historia de retos monumentales, fracaso aplastante, obstáculos enormes y asombroso éxito. Hubo periodos en que la colaboración se hundió por completo, pero también tiempos en que el progreso formó una oleada de cooperación excepcional. Durante la obra, algunos colaboradores que originalmente habían comenzado con una gran promesa terminaron con amargura y culpa. Otras colaboraciones demostraron funcionar increíblemente bien bajo malas condiciones, porque los líderes no estaban principalmente dedicados a sus propios egos.

La eficacia del Canal de Panamá afecta a puertos de todo el mundo. Cuando los barcos empezaron a aumentar su tamaño y algunos eran demasiado grandes para el canal, esto provocó grandes problemas para los transportistas. Podríamos decir: "Cuando el Canal de Panamá estornuda, los puertos del mundo agarran un resfriado". Pero el otro lado de la ecuación también es cierto: cuando el canal se amplió en 2016 para poder acomodar a los barcos y los petroleros más grandes del mundo, el comercio se aceleró en todo el planeta. La Asociación Americana de Autoridades Portuarias ha sabido que los puertos de los Estados Unidos y sus socios invertirán cerca de 155 mil millones de dólares en infraestructura de flete y de pasajeros relacionada con los puertos para el año 2020.[1] Savannah y Charleston, dos puertos cerca de mi casa en Atlanta, necesitan dragar sus canales y construir puertos nuevos para poder dar la bienvenida a los mayores barcos de mercancía a flote.

Los principios que observé cuando visité el Canal de Panamá ayudan a los líderes en todos los niveles de las organizaciones. Me reúno con líderes de todo el mundo, y todos quieren que sus empresas, iglesias, escuelas y agencias crezcan más y con mayor rapidez. Cuando visito a esos líderes, actúo como un médico que lee los signos vitales de un paciente. El paciente quizá llega con un brazo roto, pero aun así el médico le toma la temperatura, el pulso, y revisa la presión arterial. Del mismo modo, quizá un líder me llama con un molesto problema o una crisis, pero yo reviso los signos vitales: hago muchas preguntas para descubrir cómo está la salud de la organización.

Comienzo preguntando sobre la imperiosa necesidad que la organización está diseñada para satisfacer, y después exploro los sistemas de operación: cuándo, dónde, y cómo se están supliendo esas necesidades. No empiezo con la estructura, la gráfica organizacional de las funciones de las personas. No puedo evaluar con precisión a las personas y sus funciones hasta que no haya evaluado minuciosamente los sistemas. Un líder puede tener a una persona dotada, competente y dedicada que está fallando porque el sistema no saca lo mejor de ella.

> Un líder puede tener a una persona dotada, competente y dedicada que está fallando porque el sistema no saca lo mejor de ella.

La historia y eficacia del Canal de Panamá es una metáfora que nos da una forma nueva de pensar sobre dirigir nuestras organizaciones. Los sistemas del canal incluyen el masivo proyecto de construcción que exigió logros de ingeniería nunca antes intentados. A los sistemas de construcción les siguieron los sistemas de operación, las esclusas y entradas, por supuesto, pero también las "mulas" pegadas a los enormes barcos que guían de forma mecánica y precisa a dichos barcos por los estrechos pasadizos dentro de las esclusas, y cada vez más la implementación de la última tecnología en todas las facetas de la operación. La estructura organizacional en todas las fases de construcción, operación y ampliación del canal involucró a los líderes superiores, pero solo han sido eficaces cuando esos líderes han seleccionado, formado y supervisado a destacados gerentes y decenas de miles de obreros. Fue, y sigue siendo, un proyecto masivo.

La historia del canal aporta conocimientos que conducen a ideas nuevas y emocionantes opciones que algunos de nosotros quizá no habíamos considerado antes. Muchos, si no la mayoría de los líderes que están leyendo este libro, han creado sistemas y estructuras que usan cada día, así que quizá se resistan a cambiarlas. No voy a obligar a nadie a cambiar. Más bien, intentaré presentar una irresistible motivación para que todos miremos con más detenimiento a *lo que es*, y tengamos más valor para avanzar hacia *lo que podría ser*. Quizá el elemento más importante de este estudio será las preguntas que te haré plantearte. Las buenas preguntas valen su peso en oro porque nos invitan a pensar, soñar, y nos retan a lograr grandes cosas.

Con demasiada frecuencia, los líderes se enfocan en las preguntas equivocadas, lo cual invariablemente conduce a soluciones equivocadas. Cuando nos concentramos en sistemas y estructuras, estamos "especializándonos en lo principal". ¿Habrá preguntas sobre dinero, edificios, programas y agendas? Por supuesto, pero esas son cosas secundarias. Los asuntos más importantes, los que determinan el éxito real, siempre tienen que ver con sistemas (incluyendo los procesos de presupuestos, construcción, programas, fabricación, mercadeo) y estructuras (las personas en el organigrama que implementan los procesos). Cuando Jim Collins escribió en *Empresas que Sobresalen* que los líderes necesitan conseguir tener en el autobús a las personas correctas, tenía razón. Pero antes, ¡necesitamos el autobús! Ese es el sistema. Las "personas correctas en el autobús, las personas incorrectas fuera del autobús" es la estructura organizacional.[2]

> Con demasiada frecuencia, los líderes se enfocan en las preguntas equivocadas, lo cual invariablemente conduce a soluciones equivocadas.

Los principios que aprendí del Canal de Panamá se aplican a todo tipo de organización. Tras contarle a un amigo, al que llamaré Rick, lo que había aprendido, cenó con Phil, un hombre que se había jubilado recientemente de una posición ejecutiva en una gran firma de manufactura. En cuanto mi amigo le explicó que el tamaño y la velocidad de una organización dependen de los sistemas y las estructuras, de inmediato Phil dijo: "Esa es la diferencia entre nuestra empresa y nuestro máximo competidor. Los líderes de nuestra empresa nunca se enfocaron en crear sistemas y estructuras sobresalientes. Los líderes de la otra empresa crearon una fuerte cultura con sistemas de operación eficaces, y contrataron y formaron a las personas excepcionalmente bien".

Mi amigo se sorprendió del instantáneo entendimiento que Phil tenía del principio y su análisis de las dos empresas. Mi amigo preguntó: "¿Cómo dirigían los directores superiores de tu empresa?".

Phil gesticuló un poco y respondió: "Siempre buscaron héroes".

Mi amigo preguntó: "¿Cómo resultó eso?".

"Se quedaron sin héroes", dijo Phil mientras meneaba la cabeza. "No fue una práctica o filosofía de gerencia eficaz".

Tú eres un líder porque quieres marcar una diferencia, y quieres tener un impacto creciente en otros. Quieres más tamaño y velocidad para tu organización. En este libro te ayudaré a crear mejores sistemas y estructuras que te ayudarán a llegar a donde quieres ir, y llegar allí con mayor rapidez. Ya eres un líder dedicado y dotado. Quiero hacer de ti un líder más eficaz.

Verás esta frase a menudo en el libro: *El tamaño y la velocidad de una organización están controlados por sus sistemas y estructuras*. No pases por alto su importancia.

Al final de cada capítulo encontrarás algunas preguntas para estimular tu pensamiento, y darte oportunidades para que tu equipo discuta el contenido. No pases por esas preguntas rápidamente. Explóralas, medita en las implicaciones, y encuentra soluciones que funcionen para ti, tu equipo y tu organización.

CAPÍTULO 1

¿CÓMO DEFINES LA NECESIDAD?

Vasco Núñez de Balboa

BIBLIOTECA DEL CONGRESO

En cualquier empresa, iglesia u organización sin fines de lucro, es esencial tener una clara definición de la necesidad para producir una motivación convincente para tener éxito. Los emprendedores notan una brecha en el mercado que pueden llenar creando una nueva empresa o un nuevo producto. Los pastores son persuadidos por la realidad de que un segmento de su comunidad no ha sido alcanzado con el evangelio de la gracia. A los líderes visionarios les mueve la compasión para establecer organizaciones sin fines de lucro, y suplir las necesidades de personas angustiadas. En cada organización, el éxito se define de forma simple y resumida. Si esa definición es demasiado compleja, no puede captar la imaginación de los miembros del equipo, empleados y voluntarios, y no tocará los corazones de aquellos a quienes intentan impactar.

A lo largo de la historia, las necesidades imperiosas siempre han inspirado una acción valiente. Cristóbal Colón convenció al rey Fernando y a la reina Isabel de España para que financiaran su búsqueda de una ruta marítima hasta las Islas de las Especias frente a la costa de Asia. Durante décadas, exploradores portugueses habían navegado por el sur bordeando el Cabo de Buena Esperanza en la punta de África y cruzando el Océano Índico. Cada vez que regresaban, traían tesoros de magníficas especias, y obtenían millones para sus patrocinadores. Sin embargo, el viaje alrededor del Cabo de Buena Esperanza en África hasta el Océano Índico era largo y peligroso. El viaje de ida y vuelta a la India del explorador portugués Vasco de Gama duró más de dos años, desde julio de 1497 hasta agosto de 1499. Colón creía que el océano occidental, el Atlántico, era pequeño y que podía llegar a Asia solo con pocas semanas de navegación.

> Las necesidades imperiosas siempre han inspirado una acción valiente.

La rivalidad entre España y Portugal era feroz, así que la corona española ansiaba encontrar una ruta hacia Asia más corta, más rápida y más rentable. Colón zarpó el 3 de agosto de 1492. Poco más de dos meses después, cuando sus hombres estaban perdiendo la esperanza de encontrar tierra y sobrevivir al viaje, su centinela oteó una isla. Colón estaba seguro de que habían llegado a las costas de Asia. Llamó "indios" a los nativos.

Durante varios meses, sus tres carabelas surcaron el Caribe, atracando en La Española y Cuba. Regresó a España en marzo del año siguiente con especias, oro, y unos cuantos "indios", dejando a treinta y nueve hombres para formar una colonia en La Española. Cuando Colón llegó a la corte, fue recibido como un héroe y nombrado "Almirante del Mar Oceánico".

Colón regresó en su segundo viaje más adelante ese mismo año, pero descubrió que todos los hombres que había dejado allí habían sido asesinados por los nativos. Decidido, exploró más islas del Caribe. Aún estaba convencido de que estaba cerca de las costas de China, Japón o India. Los viajes subsiguientes no descubrieron las riquezas de Asia, pero la avaricia de los monarcas los inspiró a financiar más exploraciones. Colón les aseguró que vastos almacenes de oro esperaban a ser descubiertos, pero se encontró poco oro. En vez de eso, naufragios, enfermedad y muerte rodearon sus esfuerzos para explorar y colonizar las tierras que descubrió. En 1504, cuando Colón regresó a España tras su cuarto viaje, el rey y la reina tuvieron sus reservas de que en verdad hubiera llegado a Asia, y rehusaron financiar más expediciones de Colón. Resultó evidente que Colón había tenido éxito al descubrir tierras que nadie en Europa sabía que existían. No había encontrado Asia. Había descubierto las Américas.

Durante esos años, Colón no fue el único capitán de los mares. Otros exploradores navegaron a América bajo diferentes banderas, y gradualmente dos continentes americanos comenzaron a tomar forma en los mapas del Nuevo Mundo. En 1511 el conquistador español Vasco Núñez de Balboa jugó un papel importante a la hora de establecer el primer asentamiento duradero en el continente de Sudamérica en Darién, en el Istmo de Panamá. Como ocurrió con muchos otros líderes españoles, para Balboa el oro era más importante que la amistad, así que trató muy mal a los nativos en su búsqueda de riquezas. En septiembre, dos años después de establecer el asentamiento, dirigió una fuerza de 190 soldados y cientos de nativos por la jungla para encontrar más oro. Cuando escaló una montaña, miró al sur, y vio un vasto y calmado océano. Lo llamó el Mar del Sur. Otros lo llamaron el Océano Pacífico.

El negocio de la exploración, según parece, era peligroso. Al igual que a Colón, la ambición de Balboa causó problemas tanto a él como a quienes lo siguieron. El rey Fernando nombró gobernador de Darién a un noble llamado Pedrarias. Los dos hombres no confiaban el uno en el otro, pero negociaron una paz tentativa que duró varios años. En 1517 Balboa comenzó una aventura increíble. Construyó y después desmontó una flota de barcos para que sus hombres pudieran llevar las partes por las montañas, volverlas a ensamblar y conquistar todas las tierras que bordeaban el Mar del Sur.

Sin embargo, a esas alturas, Pedrarias había perdido favor en la corte española, así que el rey Fernando envió un nuevo gobernador con poderes para arrestar y juzgar a Pedrarias ante el tribunal. Pedrarias tenía miedo de que Balboa testificara contra él, así que hizo que lo arrestaran y juzgaran bajo el delito de traición. El juicio fue una farsa. Balboa y cuatro de sus lugartenientes fueron declarados culpables y sumariamente decapitados. Una falsa acusación y una rápida ejecución terminaron con el deseo de Balboa de ir y explorar el vasto y nuevo océano.

Durante este tiempo de turbulencias en Darién, otro explorador estaba examinando el Atlántico Sur para encontrar una ruta hacia el Pacífico. Fernando de Magallanes estaba seguro de que Sudamérica no se extendería mucho hacia el sur, así que podría encontrar una ruta fácil hacia el Oriente.

Sin embargo, su pequeña flota se desanimó al recorrer una bahía tras otra al navegar por la orilla oriental. Solo cuando llegaron más lejos hacia el sur de lo que nadie imaginaba que podrían llegar, encontraron una ruta peligrosa hacia el Pacífico Sur. Tras meses de navegar hacia el noroeste sin ver tierra en el vasto Pacífico, Magallanes y sus hombres se vieron obligados a comer trozos de cuero sin curtir. Muchos murieron de hambre antes de llegar a las islas más adelante conocidas como las Filipinas. Magallanes se hizo amigo de un jefe de una de las islas, pero el intrépido explorador murió en un desacertado ataque sobre un líder rival. Solo uno de sus barcos llegó de regreso a España, casi sin poder seguir a flote y con unos cuantos hombres fantasmagóricos a bordo. Había encontrado una ruta marítima hacia Asia, pero también había comprobado que era terriblemente largo y peligroso viajar alrededor del Cabo de Hornos. Un camino que cruzara el estrecho istmo de América Central era increíblemente seductor, pero siguió siendo enloquecedoramente elusivo.

En 1850, más de trescientos años después de Balboa y Magallanes, el Dr. Edward Cullen anunció repentinamente que había encontrado una ruta fácil desde Darién hasta el Pacífico. Varios países estuvieron muy interesados en seguir este descubrimiento. Planearon un esfuerzo conjunto, pero el Teniente de la Marina de los Estados Unidos, Isaac Strain, llegó con su barco antes que los demás, y no quiso esperar. Dirigió a veintisiete hombres a la jungla. Estaba seguro de que encontraría el camino de Cullen muy rápidamente, así que dijo a sus hombres que empacaran solo las raciones necesarias para unos cuantos días. Cuarenta y nueve días después, Strain salió de la jungla por el lado del Pacífico, muerto de hambre y casi desnudo. Él y sus hombres se habían encontrado con montañas de mil pies de altura, y soportó junglas impenetrables, lluvias torrenciales, calor asfixiante, y la ausencia absoluta de provisiones. Siete de los hombres de Strain murieron. Aún así, el Dr. Cullen siguió insistiendo en que su ruta fácil existía, y muchos lo creyeron.

En las siguientes décadas, varios países enviaron equipos de agrimensores para encontrar una ruta factible. La necesidad de asegurar una ruta marítima más corta, barata y factible entre el Atlántico y el Pacífico seguía siendo atractiva. De hecho, con muchos más barcos en los mares, la necesidad era mayor que nunca.

LA NECESIDAD CREA LA VISIÓN

La visión no nace en un vacío. La visión de un líder es el resultado de ser atrapado por una necesidad palpable. ¿Quién está siendo evitado en nuestra comunidad? ¿Quién tiene problemas y necesita ayuda desesperadamente? ¿Qué productos quieren y necesitan las personas? ¿Cuáles son las oportunidades que no se están viendo, y cuáles son los desafíos que frenan a las personas? Fernando e Isabel querían desesperadamente una ruta comercial que les permitiera competir con los portugueses por las especias de Asia. Siglos después, la fiebre del oro de California hizo que decenas de miles buscaran la forma más rápida de llegar a la costa occidental de América. Del mismo modo, la imaginación de los líderes de la actualidad está cautiva por un desafío o una oportunidad.

> Cuando la visión se hace clara, la siguiente pregunta es: "¿A quién necesito para ayudarme a suplir esta necesidad, y convertir la visión en una realidad?".

La necesidad impulsa las preguntas de tipo *qué* y *por qué*, las cuales moldean la visión del líder. Cuando la visión se hace clara, la siguiente pregunta que hago siempre es: "¿A quién necesito para ayudarme a suplir esta necesidad, y convertir la visión en una realidad?". Nunca es *cómo, cuándo, dónde* o *cuánto*. No pienso en edificios, presupuestos o agendas hasta haber encontrado los recursos humanos indispensables: un mentor, un coach o un modelo que pueda seguir. Pregunto: "¿Quién tiene experiencia de la que yo pueda aprender?". "¿Quién está haciéndolo bien en este momento?". "¿Quién ha aprendido los principios más importantes que tengo que aplicar?". "¿Quién puede conectarme con los mejores recursos disponibles?".

Cuando me reúno con líderes en la empresa y en la iglesia que están emprendiendo nuevas vías, los animo a encontrar el mejor recurso humano que pueda ayudarles temprano en el proceso. Solo entonces es tiempo de preguntar cómo, cuándo, dónde y cuánto. En otras palabras, ¿quién es un experto que pueda ayudarlos a organizar sus sistemas y estructuras para suplir la necesidad, y realizar la visión para su tamaño y velocidad?

BUSQUEMOS SISTEMAS Y ESTRUCTURAS

Cuando hablo con personas que han estado liderando durante mucho tiempo, observo que muchas de ellas están frustradas. Los líderes empresariales me dicen: "Tenemos buenos productos y un buen equipo de ventas. Nuestra fabricación funciona bien, y nuestros almacenes sacan los productos a tiempo. No entiendo por qué nuestra empresa no crece más rápido". De forma similar, los pastores me confían: "Tenemos un grupo de alabanza muy bueno, las personas dicen que les gustan mis mensajes, y tenemos muchos programas muy buenos. Entonces ¿por qué seguimos atascados en trescientas personas?", o dos mil, o cualquiera que haya sido la cifra.

Me dicen que no están contentos con su tamaño y velocidad, pero siguen haciendo las mismas cosas repetidamente, esperando que los resultados cambien de forma mágica la próxima vez. Pero no son las mismas cosas; en su frustración, intentan trabajar más, piden más de su personal, son un poco más intensos, y buscan desesperadamente encontrar el "ingrediente perdido" del éxito. Ninguna de esas soluciones aporta más que una promesa fugaz de cambio. En la mayoría de los casos, no están haciendo las preguntas adecuadas.

> Los sistemas son *procesos* que crean y usan edificios, programas, productos y presupuestos para facilitar el crecimiento y el cambio.

En vez de eso, tienen que dar un paso atrás y analizar sus sistemas y estructuras. Si las mejoran, el tamaño y la velocidad casi inevitablemente seguirán. Los sistemas no son solo edificios, programas, productos y presupuestos. Son *procesos* que crean y usan edificios, programas, productos y presupuestos para facilitar el crecimiento y el cambio. Los sistemas incluyen las plataformas, herramientas de comunicación y artilugios de entrenamiento de la organización para impartir visión, inspirar esperanza para suplir la necesidad, y captar una participación apasionada. Cuando el compromiso con los sistemas para mejorar se arraiga en una organización, cada reunión de planificación, cada evento de liderazgo, cada edificio, cada moneda y cada comunicación se satura de sentido. Los sistemas de la organización se convierten en poderosas máquinas que marchan sobre ruedas para conseguir grandes cosas.

La estructura es la gráfica organizacional de personas que trabajan juntas. No solo llenamos cuadros en una gráfica. Encontramos personas apasionadas y diestras que ven el sistema como una herramienta esencial para suplir la necesidad imperiosa, y hacer que la visión se convierta en realidad.

Sistemas y estructuras están indisolublemente relacionados, y hacen posible que la organización se extienda hasta tocar a su comunidad. El latir del corazón de los sistemas de una organización es el conjunto de conexiones que los líderes tienen con su audiencia. ¿Creen los clientes, las personas de la congregación o las personas necesitadas de la comunidad que la organización se interesa por ellos? ¿Cómo conectamos con las personas de nuestra comunidad o con nuestros clientes? ¿Cómo reclutamos a nuevos empleados y voluntarios? ¿Cómo desarrollamos líderes? ¿Ha creado el líder principal una cultura en la cual los empleados, las plantillas, los administradores y los voluntarios están enamorados de la visión? El verdadero asunto no es: "¿Puede nuestra gente repetir la declaración de visión?", aunque esto sea un gran obstáculo para muchas organizaciones. Es: "¿Se han *adueñado* de ella? ¿Cautiva la necesidad sus corazones, y los motiva a remover cielo y tierra para marcar la diferencia?". Si las personas quedan atrapadas genuinamente por la visión, usarán los sistemas para efectuar el cambio.

Finalmente, todas las preguntas son preguntas sobre las personas. ¿Cómo llegamos a ellas? ¿Cómo les atraemos? ¿Cómo les capacitamos? ¿Cómo tomamos decisiones para que todos se sientan oídos y entendidos? ¿Cómo celebramos sus logros?

"NO ESTÁ OCURRIENDO NADA"

He hablado con muchos líderes que han invertido mucho tiempo y sudor, pero que no han visto el progreso que anticipaban. Han invertido años animando a sus tropas e intentando encontrar lo siguiente mejor para impulsar el crecimiento, pero han experimentado una frustración tras otra. O han visto un poco de progreso aquí y allá, pero quieren mucho más. Se han dicho a sí mismos: "Estamos construyendo calidad, y la cantidad finalmente llegará". Pero ahora están empezando a dudar de sus propios ánimos. Sí, han mejorado de muchas maneras, pero la aguja del progreso no se ha movido perceptiblemente.

Estos líderes podrían quejarse diciendo: "No está ocurriendo nada", pero eso ocurre raras veces. Con mucha frecuencia hay algunas cosas buenas que están ocurriendo: los clientes están comprando productos y las personas están encontrando perdón y propósito en Cristo, pero la gráfica de ventas no está subiendo y avanzando hacia delante, y la puerta de atrás de la iglesia es tan grande que las personas que entran se compensan con las que salen. Estos líderes están diciendo: "¡El tamaño y la velocidad de esta organización no son los que yo esperaba que fueran!".

Una de las formas de entender el ciclo de la vida de cualquier organización es identificar la posición actual en el orden de cinco fases distintas:

- La fase *emprendedora* (descubrimiento) es el comienzo emocionante, cuando todos los sueños parecen posibles.

- La fase *emergente* (crecimiento) es cuando la visión comienza a tomar una forma definida, los líderes son empoderados, y la organización ve un progreso real.

- La fase *establecida* (mantenimiento) es un tiempo cuando los líderes respiran hondo, gozan de su éxito, y ven que sus sistemas funcionan bien. Pero esta fase es también peligrosa porque puede conducir fácilmente a la complacencia.

- La fase de *erosión* (supervivencia) es evidente cuando la organización muestra señales de declive, y la visión anterior parece inalcanzable.

- La fase *innovadora* (reinvención) es el resultado de un mayor entendimiento de la necesidad, una visión renovada, entusiasmo fresco, y nuevas estrategias para satisfacer la necesidad. Dar a una organización existente una carga fresca de visión y energía es difícil, pero es esencial para el desarrollo futuro.[1]

Este ciclo de vida de la organización es cierto en ese orden exacto para empresas, iglesias, centros comerciales, vecindarios, matrimonios, y cualquier otro tipo de proyecto humano.

Los dos puntos cuando parece que "nada está ocurriendo" son las fases emprendedora y de erosión, pero las dos son emocionalmente y psicológicamente opuestas. Al principio nada está ocurriendo, pero el líder está lleno de esperanza y energía. Por el contrario, cuando al líder y a la organización se les absorbe la vida en la fase de erosión, la esperanza es un recuerdo distante, y se necesita una tremenda fuerza de voluntad para levantarse, e ir a trabajar cada día. El estancamiento prolongado puede ser un veneno de efecto lento para el alma.

Los dos puntos cuando parece que "nada está ocurriendo" son las fases emprendedora y de erosión, pero las dos son emocionalmente y psicológicamente opuestas.

Durante esos largos y oscuros días de erosión, es difícil para un líder seguir lanzando una visión irresistible. ¡Puede que no crea ya ni en sus propias promesas! Durante mucho tiempo sigue sonriendo y diciendo lo que ha dicho por tanto tiempo. Sigue dudando de sí mismo, y de hecho, puede que ni siquiera reconozca el pesimismo progresivo en sus pensamientos. Tarde o temprano piensa: *Quizá ya no lo tengo. Quizá no soy la persona adecuada para dirigir esta organización.* Pero puede que intente escapar de estos conflictos internos preguntándose si otras personas son el problema: *Ojalá nuestro Consejo Directivo hiciera un mejor trabajo. ¿Por qué mi equipo ejecutivo no puede hacer nada correcto? ¿Tendré a las personas correctas? ¡No, estoy seguro de que no!* Puede que el líder asigne la responsabilidad a cualquiera y a todos menos a él mismo. La confusión inicial (*No entiendo lo que está ocurriendo*) a menudo conduce a conclusiones negativas: duda de uno mismo y culpar a otros.

En cada punto en las fases de la existencia de una organización, los líderes tienen que dar un paso atrás, y hacer las preguntas importantes sobre sistemas y estructuras. El cumplimiento de sus esperanzas iniciales para el tamaño y la velocidad depende de poner estos elementos en su sitio, y el cambio de la erosión a la innovación depende de que ellos echen un vistazo más profundo a sus sistemas y estructuras existentes, y tomen decisiones nuevas y valientes. Por ejemplo, en vez de suponer que hiciste una mala contratación, podría ser más productivo evaluar el proceso que usaste: cómo seleccionaste, formaste y capacitaste al individuo para que se desarrollara en el sistema y la estructura de la organización. ¿Contrataste para suplir una necesidad en el sistema, y comunicaste los detalles de cómo el nuevo empleado contribuiría a suplir la necesidad fundamental y cumplir la visión? ¿Le hiciste bien claro la parte de "salir ganando"?

Si contratas a un ejecutivo para un departamento de una empresa de manufactura, ¿qué metas de producción estableciste para esa persona? Si contratas a un pastor de jóvenes, ¿le dejaste claro que esperas crecimiento en múltiples áreas, como una meta específica en asistencia general en un cierto plazo de tiempo, el número de voluntarios, el nivel de la participación de los padres, la comunicación con estudiantes y padres, y el número de estudiantes que van al campamento de verano? Las metas de aumento de tamaño y velocidad son el resultado de crear y ampliar el sistema y la estructura en la empresa, la organización sin fines de lucro o la iglesia, y la persona recién contratada tiene que ver la clara conexión. Muy frecuentemente, las personas que contratamos no entienden cómo encajan. Solo les contratamos y deseamos lo mejor. Esta estrategia puede funcionar para unas cuantas personas brillantes que tienen mucha iniciativa, pero no para la mayoría.

La tarea del liderazgo, entonces, no es solo poner metas a las personas, sino ayudarles a utilizar sistemas y estructuras eficaces para alcanzar esas metas. Cuando ponemos metas elevadas sin el marco subyacente, creamos confusión y presión, y a veces desesperación y pánico.

El otro lado de la ecuación es que algunos líderes se fijan tanto en afinar sus sistemas y estructuras existentes que se olvidan de la necesidad y la visión. Por ejemplo, la tendencia reciente en la educación es el aprendizaje a larga distancia, lo cual significa clases en línea. Algunos educadores se resistieron durante años porque estaban acostumbrados a que los alumnos aparecieran en su clase varias veces por semana. Pero la meta de proporcionar una educación de calidad a un costo razonable para personas ocupadas creó una revolución en el sistema de entrega. La necesidad dio forma a una visión nueva y clara, la cual produjo innovación en los sistemas y estructuras.

Muchas empresas e iglesias se han enamorado de "la forma en que hacemos las cosas aquí", con lo cual raras veces, si es que alguna, evalúan los sistemas y las estructuras según la necesidad creciente y la visión convincente. Los cambios culturales y los sistemas de entrega se vuelven anticuados rápidamente.

Tenemos que estar alertas y ligeros, siempre manteniendo fresca la visión, y abiertos a nuevas formas creativas de cumplirla.

SALIR DEL ESTANCAMIENTO

En dos puntos de la historia del Canal de Panamá, los oficiales de la Autoridad del Canal se dieron cuenta de que habían entrado en una prolongada fase de estancamiento, y necesitaban hacer cambios drásticos. La primera gran reconstrucción se produjo en los años anteriores a la Segunda Guerra Mundial cuando la nueva clase de barcos de guerra estadounidenses más grandes exigía esclusas mayores. Este esfuerzo se detuvo porque los oficiales entendieron que no estaría terminado a tiempo para que los barcos de guerra lo usaran antes de que terminara la guerra. La segunda ampliación se terminó en el verano de 2016, un esfuerzo de más de cinco mil millones de dólares para ampliar el canal, permitiendo que barcos de más de dos veces y media del tamaño según el límite anterior puedan pasar por el canal.

Identifica la necesidad que tu organización está diseñada para suplir, y aclara la visión para suplirla.

La expansión de canal tuvo un efecto dominó en los puertos tanto de las costas de los Estados Unidos como en todo el mundo. Un sistema mejor y más grande en el canal creó una mayor visión, más inversión, un nivel más elevado de actividad, y mayores beneficios para la industria del transporte en todo el planeta. Antes de esta ampliación, el Canal de Panamá estaba perdiendo relevancia y tráfico; en la actualidad tiene un impacto más grande que nunca. Se había estancado, pero ya no está estancado.

Si te sientes estancado y tus soluciones solo están creando más tensión y frustración, quiero ofrecerte unas palabras de ánimo:

- *¡No estás solo!* ¡Estás en buena compañía! No eres la primera persona en sentir que tu organización está estancada, y no serás la última. Otros han descubierto una manera de salir de la ciénaga del estancamiento, y también tú puedes hacerlo.

- *La solución no es tan difícil como podrías creer.* Claro, has probado una decena de respuestas distintas "de éxito seguro", y ninguna de ellas ha producido un cambio duradero. Pero esta vez te estoy sugiriendo una forma distinta de mirar tu organización y tu papel como líder.

- *Identifica la necesidad que tu organización está diseñada para suplir, y aclara la visión para suplirla.* Sí, probablemente lo hayas dicho miles de veces ya, pero ¿es nueva para ti? ¿Te has apropiado de ella? Deja que te mantenga despierto en la noche de nuevo con asombrosas posibilidades.

- *Después, realiza un análisis profundo de tus sistemas y estructuras.* ¿Cómo se toman las decisiones? ¿Cómo se produce la comunicación? ¿Quién tiene la autoridad y la responsabilidad? ¿Qué programas son vitales, y cuáles son solo cosas bonitas que hacer? ¿Quién está apasionado con suplir la necesidad y cumplir la visión? ¿Quién ha perdido celo y energía? Creo que descubrirás el problema mediante este análisis. Los sistemas que te trajeron hasta este punto puede que no sean los que te lleven a donde crees que Dios quiere que vayas. Sé despiadado con el análisis. Pronto verás la recompensa.

- *Deja de dudar de ti mismo, y deja de culpar a los demás.* Una corriente subterránea de descontento siempre sale a la superficie de una forma o de otra, a menudo con una conducta pasivo-agresiva. Sonreímos al señalar los errores de otros, no para ayudarles, sino para asegurarnos de que otros sepan que *nosotros* no somos el problema.

- *No supongas que tienes una cultura poderosa y positiva.* Trabaja duro para crear el tipo de entorno donde las personas se desarrollen. La cultura de una organización, que varía desde inspiradora a estancada y llegando hasta tóxica, se crea momento a momento y conversación a conversación en mensajes que comunican sentido y valor.[2] Cada reunión de planificación, cada reunión del consejo directivo, cada evaluación de rendimiento y cada interacción de cualquier tipo envía un mensaje sobre qué y a quién valoramos. En la comunicación, las palabras conllevan mucho menos impacto que los gestos y el lenguaje corporal. Del mismo modo, la forma en que los líderes se comunican habla más alto y más claro que cualquiera de las palabras que dicen. Y el tema y la frecuencia de nuestras celebraciones hablan mucho sobre nuestras metas, nuestros corazones y nuestra disposición a compartir el foco de atención con otros.

- *Armoniza tus valores declarados con tu asignación de tiempo, dinero y atención.* Nuestro personal está observando. Si decimos que nuestro personal es nuestro bien más valioso, pero quienes trabajan más de cerca con nosotros se sienten ignorados o usados, hemos enviado un mensaje claro de que no se puede confiar en nosotros. Pero si se nos parte el corazón genuinamente por las personas que tienen necesidad, y tomamos tiempo para mostrar amor a los hombres y las mujeres que vemos cada día, las personas que nos rodean creerán lo que decimos sobre interesarnos por los demás.
- *Mira de cerca los símbolos visibles de la cultura de la organización, tales como títulos, ubicación de la oficina y otros beneficios.* ¿Están los líderes distantes del resto de la organización, y cuán cercanos y vulnerables son? Estos símbolos son declaraciones de valores, cultura, integridad y cuidado.

Cuando entendamos que el tamaño y la velocidad dependen de nuestros sistemas y estructuras, prestaremos más atención a la forma en que funcionan las cosas, y cómo las personas son empoderadas y valoradas. Cuando nos sentimos atascados, no solo bajaremos la cabeza y lo intentaremos con más fuerza, esperando un resultado distinto. Por supuesto que necesitaremos tenacidad y valor, pero añadiremos sabiduría, conocimiento y esperanza a nuestra determinación.

La interacción de sistemas y estructuras crea y sostiene la cultura, para bien o para mal. Si entro en una organización, solo necesito unas horas, o como mucho un par de días, para discernir cómo se hacen realmente las cosas. Quizá los líderes me dicen cómo funcionan sus sistemas y estructuras, pero yo quizá noto que una persona baja en el diagrama de la organización es un intermediario influyente. ¿A quién pueden ver las personas sin una cita, y quién tiene un asistente con un calendario haciendo barricada en la puerta? ¿Quién tiene influencia en los departamentos? ¿Quién está creando silos que bloquean la comunicación y la creatividad? ¿Cuál es la diferencia entre las metas declaradas de la organización y lo que se celebra? ¿Qué consideran los líderes que es una verdadera victoria? Por ejemplo, algunos líderes se emocionan más con que los programas se mantengan por debajo de los presupuestos y por terminarlos a tiempo, que por el impacto humano de esos programas. Y algunos se preocupan más por minimizar el conflicto en su equipo que por la efectividad del equipo.

Sin importar la claridad con que los líderes marquen las líneas de responsabilidad, autoridad y toma de decisiones, es posible que algún observador astuto descubra que hay algunas personas que se encargan de las decisiones más importantes. Si los empleados no reconocen este hecho, pueden subir por la cadena de mando, pero estar confusos cuando las personas en posiciones de autoridad no toman, o no pueden tomar, decisiones. Pero si se dan cuenta de que el jefe confía mucho en Sara, una gerente intermedia, son sabios si primero acuden a Sara para conseguir su punto de vista y su apoyo. Después irán al jefe y dirán: "Ya he hablado con Sara, y ella piensa que esto es algo bueno que deberíamos hacer". Entonces el jefe da la aprobación con más rapidez. Todo se trata de conocer cómo funciona el *verdadero* sistema y la estructura de la organización. No podemos dirigir el sistema si no entendemos cómo funciona.

Yo a veces oigo a personas decir: "¡No quiero asuntos de política en nuestra oficina!". Ese es un requisito imposible. La política es simplemente la expresión de la forma de gobierno, la forma en que las personas se organizan para hacer las cosas. A menudo pensamos en política como parte de nuestro gobierno, pero cada grupo de personas (familias, iglesias, clubes y empresas) tiene una manera de tomar las decisiones y llevar a cabo las tareas. Es ingenuo pensar que podemos quedarnos al margen de la política, pero es sabio observar las sutilezas de quién toma las decisiones, cómo se toman y cómo se hacen las cosas.

Los sistemas deben adaptarse continuamente a las necesidades y oportunidades del momento. Los sistemas estáticos gradualmente pierden relevancia, pero los sistemas dinámicos anticipan necesidades que evolucionan. Cuando hablo a líderes, algunos de ellos me dicen: "Así es como hacemos las cosas", y me imagino que han hecho esas cosas durante mucho tiempo. Pero otros líderes explican: "Así es como hacemos las cosas hoy, pero siempre estamos aprendiendo cómo adaptarnos para poder ser más eficaces al perseguir nuestras metas mayores".

Algunos líderes suponen que los procedimientos que funcionaron en el pasado seguirán funcionando en el futuro, y se frustran cuando no ven crecimiento. Pero otros líderes saben que necesitan repasar periódicamente cada uno de los sistemas principales de la organización: ventas, contratación, mercadeo, tecnología de la información, desarrollo de liderazgo, participación de voluntariado y demás, para poder seguir siendo relevantes, afilados y eficaces. Por supuesto, algunos miembros de la plantilla o empleados se resisten al cambio, y resisten incluso las evaluaciones que pueden conducir a algún cambio. Muchos otros, sin embargo, captan el espíritu optimista, creativo y visionario del líder, y exploran nuevas formas de hacer las cosas.

ESTRATÉGICO Y TÁCTICO

Con demasiada frecuencia los líderes y sus equipos pasan instantáneamente de un concepto a los detalles tácticos, sin pensar en los asuntos estratégicos de la necesidad, los sistemas y la estructura. Por ejemplo, un pastor le dijo a su equipo que quería celebrar una conferencia en la iglesia. Las frases siguientes giraron en torno a cuándo fijar la fecha y quién podría ser el orador. Nadie se molestó en preguntar: "¿Qué necesidades estamos intentando suplir? ¿Quién es nuestra verdadera audiencia? ¿Cuál es nuestra definición de éxito?". Nadie pintó un cuadro atractivo de cómo una conferencia podría cambiar vidas e impulsar el crecimiento. Lanzar la visión es algo más que un *qué*; también debe incluir un claro y potente *por qué*, o las personas que participan carecerán de pasión y los planes serán rígidos y aprendidos.

Lanzar la visión es algo más que un *qué*; también debe incluir un claro y potente *por qué*, o las personas que participan carecerán de pasión y los planes serán rígidos y aprendidos.

Creo que los líderes tienen que plantear y responder cinco preguntas clave, en este orden, cuando comiencen cualquier aventura, y tienen que seguir haciéndolas si quieren que su organización crezca. Piensa en la necesidad y la visión para la existencia de tu organización, y pregunta lo siguiente:

1. *¿Es sostenible?* ¿Durará? ¿Cuánto tiempo quiero que dure?

2. *¿Es ampliable?* ¿Puede crecer? ¿Hasta dónde?

3. *¿Se puede copiar?*¿Cómo se puede reproducir? ¿Qué partes deben repetirse necesariamente para que haya crecimiento?

4. *¿Es funcional?* ¿Cómo se organizará? ¿Cómo responderemos a las preguntas sobre quién, cómo, cuándo, dónde y cuánto? ¿Cuáles serán los sistemas y las estructuras?

5. *¿Es atractiva para otros?* ¿Cómo comunicaremos la visión y el plan? ¿Cómo mostraremos en cascada la comunicación desde los líderes más altos a cada grada de influencia y participación?

Las tres primeras preguntas son generales y estratégicas; las dos últimas son específicas y tácticas. Las personas que están comenzando empresas y plantando iglesias tienen que empezar con las preguntas estratégicas y pasar por las tácticas. La mayoría de los líderes de las organizaciones existentes emplean prácticamente todo su tiempo en la función táctica y la comunicación. Raras veces dan un paso atrás para pensar en las preguntas más importantes. Esa es quizá la razón principal por la cual sus organizaciones dejan de crecer, o crecen más lentamente de lo que ellos quisieran.

Voy a hacer un resumen: largas etapas de estancamiento pueden nublar la mente. En vez de intentarlo con más fuerza con los mismos sistemas y estructuras, recomiendo realizar un análisis exhaustivo: aclarar la necesidad y la visión para que de nuevo te cautive el qué y el porqué, y después pasar mucho tiempo averiguando cómo puedes reconstruir tus sistemas y estructuras para que puedan sostener un mayor tamaño y mayor velocidad.

Los exploradores y comerciantes del mundo querían desesperadamente una ruta que cruzara el estrecho Istmo de Panamá para reducir casi ocho mil millas (trece mil kilómetros) de distancia desde Nueva York hasta San Francisco, pero la necesidad y la visión se estancaron durante más de trescientos años. ¡Tú y yo no tenemos que esperar tanto para encontrar una solución! El progreso, no obstante, a menudo es lioso y difícil. En el siguiente capítulo veremos el primer intento heroico, aunque fallido, de conectar los dos océanos.

PIENSA EN ESTO

Medita en estas preguntas y discútelas con tu equipo:

1. ¿Por qué es crucial comenzar con una necesidad claramente definida e imperiosa? ¿Qué ocurre cuando una organización pierde de vista la necesidad que dio lugar a su comienzo?

2. ¿Qué se siente al estar atascado en la fase de estancamiento de una organización? ¿Qué juegos mentales utilizan las personas cuando están ahí?

3. ¿Cuáles son algunas de las razones por las que es tentador "hacer las cosas como siempre se han hecho", sin hacer el duro trabajo de analizar regularmente los sistemas y las estructuras?

4. ¿Cuáles son algunas de las partes poderosas, pero declaradas, de tu sistema? ¿Cómo moldean estos aspectos de tu sistema el modo en que se hacen las cosas y las relaciones en tu equipo?

5. Dedica un tiempo a considerar las cinco preguntas estratégicas y tácticas que hay al final de este capítulo. ¿Qué nuevas ideas llegaron a través de este análisis? ¿Qué hay que cambiar?

Recuerda: El tamaño y la velocidad de una organización están controlados por sus sistemas y estructuras.

CAPÍTULO 2

¿CÓMO MANEJAS UN FRACASO COLOSAL?

La navegación oceánica había sido crucial para el avance de naciones desde la época medieval, cuando los exploradores del Oriente Medio abrieron rutas de comercio a India, las Islas de las Especias y África. Encontrar un camino seguro y rápido era la prioridad más alta para los países marítimos. Décadas antes de que Colón, Balboa y Magallanes abrieran las puertas al Oriente viajando hacia el Oeste, exploradores portugueses habían hecho progresos meticulosamente y con mucho esfuerzo por la costa occidental de África, alrededor del Cabo de Buena Esperanza, y hacia el Océano Índico. Portugal se hizo fabulosamente rica debido al comercio de especias desde India, las Islas Moluca e Indonesia. Los éxitos de Portugal habían sido el ímpetu que propulsó los esfuerzos de los reyes españoles, Fernando e Isabel, y Colón, el ambicioso italiano que navegó bajo bandera española. Magallanes había demostrado que el globo se podía circunnavegar, pero su camino a Asia era demasiado largo y peligroso. Durante siglos, exploradores soñaron con una ruta diferente y más fácil. La necesidad de encontrar un camino mejor hacia las riquezas de Asia seguía siendo irresistible.

Maquinaria francesa abandonada

BIBLIOTECA DEL CONGRESO

La fiebre del oro en California en 1848 revigorizó el interés en una ruta más rápida desde el muy poblado noreste, hasta la promesa de las riquezas de California. Al año siguiente, un aluvión de buscadores de oro encontró una ruta por el oeste hacia los campos de oro. Algunos viajaron en vagones de tren cruzando las planicies y montañas del Oeste Americano, pero otros tomaron la ruta marítima más larga bordeando Sudamérica. La velocidad era la esencia. Los primeros en llegar a los campos de oro tenían la mejor oportunidad de hacerse ricos.

Para reducir semanas del viaje a California, en 1850 ingenieros comenzaron a construir pequeñas vías férreas a lo largo del río Chagres y sobre las montañas de Panamá, para llegar desde Ciudad de Panamá en el Pacífico hasta Monkey Hill en el Atlántico. La construcción supuestamente duraría dos años, pero tardaron casi cinco años, y costó más de seis millones y medio de dólares. El costo para cruzar el istmo era de veinticinco dólares por un boleto de primera clase. Los inversores tuvieron temor de que su aventura fracasara por los retrasos y los costos extra, pero demostró ser un esfuerzo rentable. Gran parte del oro tomado de los arroyos de California, más de 700 millones de dólares, se transportó a través del istmo en el ferrocarril, y después por barco hasta los centros bancarios al este de los Estados Unidos. Aún así, los pequeños contenedores en el ferrocarril no podían albergar mucho cargamento. Era necesario algo mayor, mucho mayor.

Casi en el otro lado del mundo, hacía mucho tiempo que los marineros sabían que lo único que separaba al Mediterráneo del Océano Índico era una estrecha franja de desierto. Durante siglos, los mercaderes habían atracado en el lado norte del Mar Rojo, después cruzaban la arena en caravanas, y luego cargaban sus bienes de nuevo en barcos para llevarlos a puertos del Mediterráneo. A mitad del siglo XIX, el francés Ferdinand de Lesseps propuso un grandioso plan para excavar un canal en el desierto. Tras diez años de excavación y dragado, se abrió el Canal de Suez el 17 de noviembre de 1869. La ruta acuática desde Europa hasta Asia se había reducido en meses y miles de kilómetros. De Lesseps fue un héroe para su nación y para los miles de franceses que habían invertido en la aventura y estaban disfrutando de unos fabulosos beneficios.

El éxito en Suez renovó el interés en una ruta en América Central. Las partes americana y francesa que revisaban la posibilidad exploraron cuidadosamente ciertas rutas posibles a través de Panamá y Nicaragua. El presidente Ulyses S. Grant autorizó siete expediciones entre 1870 y 1875. Finalmente, en el año en que se abrió oficialmente el Canal de Suez, los franceses confiaron en De Lesseps para que realizara otra maravilla de ingeniería. Él seleccionó una ruta cerca del trazado original de Balboa a través del istmo, y miles de satisfechos inversores franceses estaban de nuevo deseosos de arriesgar sus ahorros en una nueva aventura.

De Lesseps propuso un canal a nivel del mar como el de Suez. Las dos geografías, sin embargo, eran muy distintas. Suez es plano y está en un desierto, con tierra que fue fácil de quitar. La división continental de Panamá está a 361 pies (110 metros) de altura sobre el nivel del mar, y las colinas son escarpadas con rocas sólidas.

La construcción comenzó el 1 de enero de 1881. Los gerentes de De Lesseps reclutaron y contrataron a más de cuarenta mil trabajadores, la mayoría de ellos afrocaribeños de las Indias Occidentales. Se contrataron excelentes ingenieros franceses con mucha experiencia. El plan de construcción, sin embargo, fracasó estrepitosamente. El río Chagres cruzaba la ruta catorce veces. De Lesseps planeó contener y desviar el río, pero solo lo había observado durante la estación seca. En las estaciones de lluvia, el tranquilo río se convertía en un furioso torrente, arrasando todo lo que encontraba a su paso. Las presas reventaban una y otra vez, los aludes de barro enterraron tanto equipos como hombres, y después las piscinas de agua estancada producían nubes de mosquitos. Además, la principal excavación en el Corte Culebra fue mucho más difícil debido a los desprendimientos de tierra. La enfermedad demostró ser el azote del proyecto. En pocos años, más de veintidós mil personas habían muerto de malaria y fiebre amarilla, incluidos cinco mil franceses.

En 1885 era evidente para los ingenieros franceses que el plan a nivel del mar estaba destinado al fracaso. La construcción de una serie de esclusas a cada lado del proyecto se convirtió en la única opción. Aún así, la enfermedad, tormentas torrenciales, aludes de tierra y el intenso calor hicieron muy lento el progreso. Después de ocho años, el fondo del presupuesto se había gastado, pero el canal estaba terminado solo al 40 por ciento. Miles de familias francesas, ochocientas mil personas, habían invertido los ahorros de su vida en el proyecto esperando que fuera tan exitoso como Suez. Cuando entró en bancarrota, lo perdieron todo. Una investigación reveló que 150 diputados franceses habían sido sobornados para que votaran a favor de financiar el proyecto. En 1893 De Lesseps y algunos más fueron juzgados y hallados culpables. Su condena fue anulada más adelante debido al estatuto de limitaciones, ya que fue arrestado más de tres años después de haberse cometido el delito.

En 1894 los franceses volvieron a intentar recaudar dinero y mano de obra para rescatar su fallido intento, pero a estas alturas el público estaba amargado. La empresa del Nuevo Canal de Panamá intentó encontrar un comprador para el equipo y la obra que ya habían terminado. Pidieron 109 millones de dólares, pero no encontraron compradores.

Según la opinión general, el costo del esfuerzo francés de excavar y construir el canal, en términos de vidas humanas, el costo para los inversores y la reputación de los ingenieros, demostró ser catastrófico.

PUNTOS DE REFERENCIA ERRÓNEOS

De muchas formas y por razones muy distintas, los líderes se encuentran con grandes decepciones. El fracaso siempre crea una crisis de confianza, del propio líder en sí mismo, y de las personas en el líder. La primera tarea es definir el fracaso en *tu* contexto. Fracasar es no llegar a la meta. En muchos casos, la meta (la visión, la expectativa o el calendario) era irrealista. En el intento francés de construir un canal que cruzara el Istmo de Panamá, el líder y la organización sufrieron un fallo de previsión y preparación, no un derrumbe organizacional. Sin embargo, las autoridades destaparon un fallo moral por parte de De Lesseps y sus principales tenientes. El fracaso de ingeniería en Panamá se unió a la deshonra personal y nacional.

Nuestra concepción del fracaso a menudo es el resultado de la comparación. La comparación mata.

Nuestra concepción del fracaso a menudo es el resultado de la comparación. La comparación mata. Todos sabemos, o al menos hemos oído, de un pastor cuya iglesia ha experimentado un crecimiento fenomenal en un periodo de tiempo relativamente corto, y esperamos la misma curva de crecimiento cuando implementamos programas similares. O un líder empresarial adopta los métodos de la empresa más exitosa en el campo, y se decepciona cuando los resultados no son comparables. Al principio la comparación promete vida, alegría y éxito, pero tarde o temprano produce desánimo y división cuando los miembros del equipo se culpan entre sí por no dar la talla.

La comparación en sí no siempre es mala, pero tenemos que tener el punto de referencia correcto de la medida. Si yo practico carreras cortas y reduzco mi tiempo a dieciocho segundos en los cien metros, puedo estar contento por haber logrado mi mejor marca personal. ¿No sería necio que yo me decepcionara por no poder correr esa distancia en menos de diez segundos, como Usaín Bolt?

Los antiguos corintios eran una pandilla de celosos egoístas, muy parecidos a nosotros. Cuando Pablo les escribió su carta, les corrigió firmemente por competir por las posiciones en la iglesia. Uno de sus mayores problemas fue la comparación que condujo a una competencia insana, divisiones y amargura. Cerca del final de su segunda carta, Pablo les dijo claramente: "*No nos atrevemos a igualarnos ni a compararnos con algunos que tanto se recomiendan a sí mismos. Al medirse con su propia medida y compararse unos con otros, no saben lo que hacen*". (2 Corintios 10:12)

Creo que Pablo y el Espíritu Santo nos están diciendo lo mismo a nosotros hoy. En reuniones regionales y globales, en artículos de revistas y en artículos y blogs, aprendemos sobre los líderes que son los mejores en algún aspecto del ministerio. La misma plataforma elevada, pero estrecha, se les da a líderes en la empresa que mejoran en un área. Podemos celebrar su éxito y aprender de ellos, pero con mucha frecuencia interiorizamos el conglomerado mensaje que dice que ¡el éxito en nuestro mundo significa ser tan bueno como *todos* ellos en *todas* las áreas que representan! Soportar esta desorbitada presión es, en un minimizado lenguaje de Pablo, "no saben lo que hacen" porque eso conduce inevitablemente a uno o ambos males gemelos: orgullo o autocompasión.

He hablado con muchos líderes que tristemente me han dicho que creen que sus circunstancias son lo único que les impide tener un éxito monumental. A menudo expresan su frustración con el término "si tan solo". Dicen: "Sé que podría formar una iglesia [o empresa] mucho mayor si tan solo pudiera trasladarme a Dallas [o alguna otra gran ciudad]", o "Sé que mi empresa despegaría si tan solo pudiera conseguir un contrato como el que tiene el pez gordo de la industria", o "Si tan solo tuviéramos un clima más templado, podría tener un mejor equipo de trabajadores". La solución puede que sea distinta para estos líderes, pero la frase subyacente es la misma: "Las cosas podrían ir mucho mejor si tan solo cambiaran las circunstancias externas".

Por supuesto, este tipo de descontento no termina con nuestros sueños privados de mejores situaciones y un crecimiento asombroso. Somos como los corintios; la comparación nos hace mirar a nuestro alrededor a personas que son más exitosas, y comienza a atenazarnos una raíz de resentimiento. Pensamos: *Bueno, soy un predicador mucho mejor que él*, o *Sé mucho más sobre fabricación moderna que ella*, o cualquiera de las cien diferentes permutaciones de estar teniendo un trato injusto. Estos líderes a menudo enmarcan su deseo de pastos más verdes como "llamado de Dios".

Necesitamos reconocer la naturaleza insidiosa de la comparación que a menudo merodea sin ser detectada en nuestras mentes y nuestros corazones, y tenemos que escuchar con más atención la voz de Dios y disfrutar de la situación donde Él nos ponga. Conozco a pastores de iglesias de doscientos asistentes en pequeñas comunidades que son magníficamente exitosos en su contexto. Están alcanzando a las personas, involucrándoles, reteniéndoles, formando en ellos un carácter piadoso e impactando su comunidad. Están haciendo exactamente lo que Dios les ha llamado a hacer, y lo están haciendo con excelencia. Del mismo modo, conozco a líderes empresariales que tienen empresas pequeñas, pero sobresalientes. Proporcionan excelentes productos y servicios, y han creado una cultura próspera, de apoyo y creativa en sus oficinas. El éxito hay que considerarlo en el contexto de nuestras realidades, no comparándonos con las organizaciones más grandes y de crecimiento más rápido en nuestros campos.

A medida que maduran las organizaciones, la visión original podría perderse conforme los líderes ven éxito en áreas muy distintas. Gradualmente, la pasión que les dio el ímpetu para comenzar con su iglesia o empresa se diluye, y quizá se olvida por completo. Es sabio que los líderes comparen su crecimiento actual con su visión original, no con el éxito de otros líderes. La razón original, principal, dada por Dios para comenzar la iglesia, o cambiar la dirección de una iglesia dada, podría haber sido llegar a cierto segmento de la comunidad, dar cuidados a un grupo de personas particularmente necesitadas, o edificar discípulos que se multipliquen. Puede que una empresa haya comenzado con la idea de crear, producir y vender los mejores artefactos del planeta.

La pregunta es: ¿Qué progreso has conseguido a la hora de cumplir *esa* visión? Si mi meta original de ejercicio era correr cien metros en dieciocho segundos y lo conseguí, puedo estar completamente feliz con mi logro, y puedo no sentirme amenazado ante el hecho de que millones de personas puedan correr más rápido que yo. Yo solo corría contra mí mismo. Me puedo maravillar por Usaín Bolt sin sentir ni una pizca de envidia o insatisfacción. En las Olimpiadas de 2016, los velocistas que ganaron la medalla de plata y de bronce estaban contentos de recibir sus medallas porque sabían que el oro estaba fuera de su alcance al estar Bolt en la carrera. Ellos también corrían con expectativas elevadas, pero realistas.

Si me pidieran que seleccionara oradores para conferencias, escogería al pastor que tenga una iglesia de cuatrocientas personas en una ciudad de tres mil, e invitaría a un líder empresarial cuya empresa se conociera por la excelencia en dos áreas: sus productos o servicios y su cultura corporativa. Estos son los líderes que merecen una plataforma.

Las decepciones también pueden ocurrir debido a fracasos sistémicos. El pastor de una iglesia de diez mil personas se lamentaba de que aunque habían bautizado a más de ochocientas personas el año pasado, la iglesia no había crecido nada. Se preguntaba: "¿Qué les ocurrió a esas personas? ¿Por qué no se mantuvieron involucrados? No sabemos a dónde fueron". Tras algunas discusiones honestas con su equipo, se dieron cuenta de que necesitaban encontrar una forma mucho mejor de relacionarse con las personas antes, durante y después de que decidieran ser bautizados.

> Algunos fracasos no son problemas relacionados con la percepción o los sistemas. Son personales.

Para usar términos empresariales, su iglesia era muy buena vendiendo, pero no muy buena a la hora de aportar servicios personales atractivos para retener a sus clientes. Los sistemas y estructuras de la iglesia se construyeron para atraer a personas e invitarles a tomar una decisión, pero no eran efectivos en la asimilación, el discipulado, los mini grupos, y para involucrarlos como voluntarios. En otras palabras, necesitaban volver a diseñar sus sistemas y estructuras para satisfacer las necesidades más profundas y duraderas de las personas que expresan interés en Cristo y la iglesia.

Algunos fracasos, sin embargo, no son problemas relacionados con la percepción o los sistemas. Son personales. De Lesseps falló en las tres áreas. Sus expectativas iniciales de un canal al nivel del mar demostraron ser inalcanzables, y malgastó unos recursos enormes de personas, tiempo, dinero y equipo en sistemas que no podían realizar el trabajo. El daño para su reputación, sin embargo, no fue solo que fracasó en sus esfuerzos por construir el Canal de Panamá. Fue un éxito maravilloso en Suez, pero sus fracasos morales, su participación en la corrupción que finalmente costó los ahorros de toda la vida a cientos de miles de personas en Francia, mancharon su nombre para siempre.

La clara mayoría de los fracasos que veo en mi papel de consultor con pastores y líderes empresariales vienen de expectativas mal colocadas, y de sistemas y estructuras defectuosos. Pero algunos son mucho peores que estos. Al igual que De Lesseps, son fallos morales. He conocido a líderes que cometieron grandes indiscreciones, malversaron fondos o se hicieron adictos. Porque creemos en un Dios de gracia, misericordia y poder, podemos decir que no hay "fracasos fatales"; pero algunas de estas fallas descalifican a las personas para ocupar posiciones de liderazgo, al menos durante un tiempo, hasta que pueden demostrar que han sido rehabilitados. Mostrar poca misericordia no es ser como nuestro Señor, pero mostrar demasiada misericordia es ciego, necio, y falla en no requerir un verdadero arrepentimiento.

La pregunta más importante sobre retener o restaurar a un líder que ha caído de una forma significativa es esta: ¿Hay una tristeza genuina, arrepentimiento, el deseo de restitución, y un compromiso a demostrar que es confiable con el tiempo? Cuando hay humildad, arrepentimiento y paciencia para demostrar que el cambio es real, hay una esperanza real de restauración al menos hasta algún papel en el futuro. Cuando hay negación de responsabilidad, minimización del daño e impaciencia para volver a retomar un papel de liderazgo, deberíamos sospechar que el cambio ni siquiera haya comenzado.

CUANDO TU ORGANIZACIÓN EXPERIMENTA EL FRACASO

Cuando los números bajan, cuando se producen reveses inesperados o el conflicto asola una organización, algunos líderes intentan de inmediato poner la mejor cara al respecto. Dicen: "Todo está bien", pero muchas personas saben que no es verdad, así que el líder comienza a perder el bien más preciado de cualquier organización: la confianza de las personas.

Siempre que experimentes decepciones organizacionales, di la verdad sin darle vueltas. Tu personal sabe cuándo estás encubriendo la verdad. Lo pueden sentir en tu voz, y evitar la dolorosa verdad durante un día o una semana hace un daño mucho más duradero que un bien a corto plazo. En la reunión de liderazgo, comparte las cifras de ventas, los números del presupuesto, la asistencia, o cualquiera que sea la métrica de tu organización, y no camufles ni un punto. Di: "Esta es la verdad", pero añade también: "Y así es como vamos comparado con otras organizaciones parecidas a la nuestra". Esta comparación es útil porque proporciona contexto. Por ejemplo, si has tenido un 10 por ciento de declive y la media de otras organizaciones es un declive de un 15 por ciento, tu personal y tú pueden concluir que están haciendo algo bien. Pero si has tenido una caída de un 10 por ciento, pero otros han tenido un aumento, deberías ser sincero y decir la verdad.

> Siempre que experimentes decepciones organizacionales, di la verdad sin darle vueltas.

El empresario Max De Pree dijo acertadamente: "La primera responsabilidad de un líder es definir la realidad. Lo último es decir gracias. Entre medias, el líder debe convertirse en un siervo y un deudor. Eso resume el progreso de un líder ingenioso".[1]

Junto a la rigurosa sinceridad sobre el presente, el líder tiene que estar preparado para al menos comenzar la conversación sobre un futuro mejor. No necesita tener todas las respuestas, pero necesita una idea o dos para hacer que la pelota comience a rodar. Tras presentar la fría evaluación de la realidad, puede decir: "Tengo un par de ideas sobre lo que podemos hacer, pero antes quiero saber qué piensan". Esta conversación no es una autopsia del cadáver de la gran visión que parece yacer sobre la mesa de la oficina.

En cambio, es una invitación a participar de una resurrección. La pregunta, entonces, no es: "¿Qué fue mal?", sino más bien: "¿Qué podemos hacer ahora para avanzar?".

Cuando yo he estado en esa situación, y han sido más veces de las que puedo contar, he aprendido a decir algo como esto: "Los resultados son decepcionantes, pero creo que tenemos lo necesario para darle la vuelta a esta situación. Ahora, me gustaría escuchar sus ideas antes de compartir la mía. Estamos todos juntos en esto, y encontraremos una salida". Una de las tareas más importantes para el líder en esta conversación es valorar y afirmar la contribución del equipo, no culparles del problema, sino incluirlos en la solución, e incluirlos de una forma que les honre y motive para entregarse en cuerpo y alma a encontrar una solución.

Una de las cosas que digo a menudo tras escuchar las ideas de mi equipo es: "Me alegra mucho escuchar su sinceridad y sus ideas creativas. De hecho, sus ideas me gustan más que la mía. Ahora, hablemos de quién tiene que hacer qué". Puede que la reunión hubiera empezado con una dosis de dolorosa realidad, pero intento hacerles que compartan inmediatamente sus ideas, y después pasen a la implementación específica para que podamos ver el impacto deseado.

En esta conversación, y en otras decenas que suceden individualmente y como equipo en los días y semanas siguientes, los líderes deben expresar una y otra vez: "Podemos hacerlo mejor. Tenemos lo que se necesita. Tenemos grandes ideas, y tenemos a las personas idóneas para dar la vuelta a la esquina y progresar. Podemos llegar a donde tenemos que estar".

> El fracaso raras veces es una catástrofe a menos que lo veamos como una catástrofe.

Está en la naturaleza humana intentar evitar cualquier responsabilidad por el fracaso pasándoselo a cualquier otro o a todos los demás. Echamos la culpa a cada persona que conocemos, y esperamos que se quede sobre ellos en algún lugar. Los buenos líderes asumen más responsabilidad, no menos. La decepción puede que no sea culpa de ellos, pero su responsabilidad es ayudar al equipo a interpretar la situación mediante los lentes de la esperanza y trabajar juntos para progresar.

Los líderes sabios no señalan con el dedo a otros con demasiado empeño. Puede que tengan que señalar que un miembro del equipo tiene que trabajar mejor, pero no expresan este mensaje públicamente o con rudeza. Son a la vez pastores de las personas y líderes de organizaciones. Cada decepción, cada revés, es una oportunidad para que las personas crezcan, aprendan, cambien y desarrollen una mayor sabiduría y mejores habilidades. El fracaso raras veces es una catástrofe a menos que lo veamos como una catástrofe.

VENCER OBSTÁCULOS

Ferdinand De Lesseps encontró obstáculos en el Istmo de Panamá que fueron mucho más abrumadores de lo que él esperaba. Había afrontado un calor intenso en Suez, pero no combinado con lluvias torrenciales, plagas de mosquitos, enfermedades mortales e incesantes aludes. En el clima seco del desierto egipcio, el equipo sufrió por la exposición excesiva a la arena y el polvo, pero en Panamá las partes se oxidaban en cuestión de días. La maquinaria pesada a menudo se convertía en aparatos sin movimiento, atascados en el barro o incapacitados por el óxido, y no podían ir a la tienda a conseguir las piezas nuevas. Reparar y reemplazar el equipo demostró ser una carga abrumadora que les hacía perder grandes cantidades de tiempo.

Para muchos líderes, el éxito del pasado les ciega para ver posibles problemas futuros.

Por mi experiencia, y en base a las discusiones con miles de líderes durante los años, he visto a personas experimentar, y superar con coraje y destreza, muchos y diversos obstáculos. Voy a identificar e ilustrar los más comunes.

Los peligros del ímpetu

De Lesseps y las miles de personas en Francia que vieron un éxito tan grande en Suez se embriagaron de ímpetu. Para muchos líderes, el éxito del pasado les ciega para ver posibles problemas futuros. El ímpetu exagera nuestra inteligencia y destreza, y esconde nuestras debilidades. Las fracturas internas pasan desapercibidas, y pueden provocar daños importantes antes de que nadie trate el asunto. En habla moderna, los líderes exitosos con demasiada frecuencia beben su propio *Kool-Aid* de grandeza. Sabe bien al principio, pero nos enferma.

> El ímpetu exagera nuestra inteligencia y destreza, y esconde nuestras debilidades.

¿Dónde encontramos estas fracturas? En las iglesias, tenemos que mirar el entusiasmo y el número de voluntarios. Estos son el "canario en la mina de carbón". Los canarios son muy sensibles a los gases venenosos, así que los mineros a menudo los llevaban a las minas como una señal temprana de aviso. Si el pájaro cantaba, los mineros sabían que estaban seguros, pero si el canario moría, es que había gas venenoso. Cuando los voluntarios pierden su pasión, encontramos gas nocivo en el núcleo de la organización. Vemos el mismo fenómeno en las empresas, pero en los empleados de tercer nivel en lugar de los voluntarios. Ellos son "las botas en el suelo" que conectan con los proveedores y clientes. Su compromiso con la excelencia, o la falta de la misma, le dice al líder todo con respecto a la cultura de la empresa.

Medir las cosas erróneas

En nuestra sociedad, prácticamente todo tiene un número: nuestro peso, nuestra estatura, nuestra presión sanguínea, nuestra cuenta bancaria, nuestras casas, y nuestros pasaportes. En nuestras organizaciones, asignamos números a todo lo que consideramos importante. Sin embargo, a menudo dedicamos demasiado tiempo y atención a medir las cosas erróneas.

Pastores, juntas directivas y equipos de liderazgo en iglesias se enfocan tradicionalmente en los AED: asistencia, edificios y dinero. Ciertamente estas cosas son importantes, pero a menudo no medimos factores que revelan el corazón y la salud de nuestras iglesias, como el número de asistentes por primera vez, la proporción de invitados con respecto a los que asisten regularmente, el índice de conversión de los invitados que se convierten en asistentes regulares, el índice de conversión de los asistentes que se unen a los mini grupos, y lo más importante, el número de voluntarios activamente involucrados en el ministerio. Estos factores revelan la "viscosidad" de la iglesia. Con demasiada frecuencia los pastores se frustran porque no ven un crecimiento global, pero no quitan las capas para medir y evaluar las conexiones cruciales que tienen que establecer las personas.

De modo similar en las empresas, los ejecutivos a menudo miran las líneas generales, pero tienen que observar y medir los elementos intangibles que conducen a la excelencia, productividad y resultados tangibles. Las corporaciones, especialmente en producción, puede que dependan en gran manera de la maquinaria, pero la cultura siempre es una función de las relaciones humanas. Quizá la cultura corporativa no se pueda medir estrictamente, pero ciertamente se nota. Los ejecutivos pueden mantenerse alertas para observar el nivel de creatividad, compromiso y cuidado en sus gerentes y en todos los niveles de empleados.

Perder pasión por la visión

Cuando hago consultoría, hablo con personas en todos los niveles para sentir el pulso de vida. Muchas veces los líderes más altos están llenos de visión y pasión, pero los que están abajo en la gráfica organizacional a menudo no se levantan por la mañana soñando acerca de cómo su papel puede cambiar el mundo ese día. Tienen visión de túnel, enfocada en el estrecho rol que desempeñan y sus marcadas responsabilidades. Quizá no escucharon cuando el líder explicó cómo su papel es esencial, o quizá el líder no marcó ese punto en manera alguna. Cuando las personas no pueden unir los puntos entre su papel y la gran visión, dedican tiempo a proteger su territorio, a soñar despiertos con otras cosas, y tan solo pasan el tiempo. No están emocionados, conectados, ni son creativos, ni fervientes en la oración, o tenaces con respecto a hacer que sus vidas cuenten.

Conflicto sin resolver

> La capacidad para discutir agradablemente es un síntoma seguro de salud emocional y fuerza organizacional.

Los desacuerdos son inevitables. Cuando una pareja dice que nunca han discutido, me pregunto si viven en estados diferentes. Tanto en iglesias como en empresas, la capacidad para discutir agradablemente es un síntoma seguro de salud emocional y fuerza organizacional. El problema se produce en dos formas: cuando los desacuerdos tienen la intención de ser, o se interpretan como ataques personales, y cuando se permite que los desacuerdos se infecten y pasen a ser resentimiento. La mayoría queremos que nos conozcan como buenos cristianos, así que por lo general no vamos por ahí mostrando pistolas cuando estamos heridos y enojados. En cambio, sonreímos mientras apuñalamos a las personas por la espalda con murmuración, y formamos en secreto, o no tan en secreto, alianzas en contra del ofensor.

Una de las tareas más importantes de un líder es notar conflictos gestados de tiempo atrás entre los miembros del equipo, y echarle ganas para resolverlos. Tristemente, algunos líderes no tienen el valor para hacer este movimiento. Espiritualizan y se dicen a sí mismos que "confiarán en que Dios les dé amor unos por otros". Se olvidan de que ellos son el instrumento de Dios para ofrecer verdad, corrección, arrepentimiento y reconciliación. Cuando el resentimiento finalmente se trata, las tensiones inicialmente aumentan, pero hay esperanza para el entendimiento, el perdón y la paz verdadera. Si no se trata, el resentimiento se convierte en un cáncer en la vida del equipo, y hace metástasis por toda la organización. En ese punto, ¡el líder deseará haber hecho algo al respecto mucho antes!

Demasiada misericordia

Como personas que han experimentado la gracia y misericordia derramadas sobre nosotros en Jesucristo, nos alegramos de expresar gracia y misericordia a otros. Sin embargo, es irresponsable por nuestra parte como creyentes, y especialmente como líderes, ignorar de manera perpetua a los alborotadores, y asumir que "se arreglará de algún modo". Tenemos la responsabilidad ante el equipo y la organización de emprender una acción más decisiva.

Todos los líderes llevan dos sombreros. Los pastores llevan los sombreros de pastor y de director general, y los líderes empresariales llevan los sombreros de entrenador y jefe. En ambos campos he visto a muchísimos líderes que encontraron excusas para llevar un solo sombrero. Quizá han evitado emplearse a fondo en la vida de otra persona porque no les gusta el conflicto, o una conversación pasada estalló y terminó muy mal. Cualquiera que sea el caso, evitar la realidad siempre crea problemas mayores: para el líder, para el equipo y para la persona que es incompetente o divisiva.

Todo el mundo ocasionalmente tiene un día malo. Ese no es el problema. Pero cuando las personas habitualmente fallan en sus responsabilidades o causan tensión, tenemos que expresar "amor firme" dando un paso para decir la verdad, y ofrecer un camino para crecer y cambiar. Si un miembro del equipo recibe humildemente nuestra instrucción, todo el mundo gana. El verdadero cambio siempre lleva tiempo, pero podemos ser mucho más pacientes si alguien tiene una actitud positiva. Sin embargo, si la persona rechaza nuestro mensaje, culpa a otros, pone excusas o minimiza la gravedad del asunto, tenemos que reconocer su inaceptable elección y comenzar el proceso de soltar a ese individuo.

No aprovechar la presión de los iguales

Los americanos se han asombrado ante la increíble habilidad, valor, dedicación y trabajo en equipo de los equipos *SEAL*. En conflictos en el Medio Oriente, y quizá en muchos otros lugares de los que no hemos oído, estos intrépidos guerreros sacan lo mejor del otro para conseguir lo aparentemente imposible. Durante años, los padres han advertido a sus hijos adolescentes sobre los peligros de la presión de los iguales, pero los equipos *SEAL* muestran que puede ser una fuerza poderosa y productiva que eleve el nivel de productividad del equipo y de toda la organización.

Cuando los equipos en iglesias, organizaciones sin fines de lucro y empresas tienen compañerismo, todo el mundo es creativo y dedicado para lograr la misión, todos cubren las espaldas del otro en vez de apuñalar al otro por la espalda, y todos empujan al otro para sacar lo mejor de todos. En este entorno, los holgazanes no tienen dónde esconderse. Los miembros del equipo no esperan a que el líder solucione el problema. Ellos lo notan rápidamente, y hablan con aquel que no está haciendo su parte. Manejados así, los asuntos de poca importancia raras veces se convierten en grandes problemas.

Los grandes equipos tienen sistemas y estructuras para crear e intensificar una presión positiva de los iguales. Los reportes regulares delante de todos fomentan transparencia, honestidad, retroalimentación y mejores ideas. Los sistemas aclaran continuamente la misión del equipo y las expectativas de cada persona para que no tengan dudas sobre la visión o su función individual para conseguirla. Esto produce un desempeño excepcional en cada uno de los miembros del equipo.

Falta de planes de mejora personal

Las metas corporativas y los marcados puntos de referencia de progreso son esenciales para el éxito, pero los líderes también tienen que implementar planes de mejora personal para cada uno de los miembros de equipo. Sin ellos, los miembros de la plantilla quizá se pregunten si están haciendo un buen trabajo. De hecho, incluso puede que se preocupen por su futuro en la organización. La inversión personal de los líderes en las vidas de los miembros de su equipo muestra aceptación, aporta afirmación de un trabajo bien hecho, y permite que el líder dé una retroalimentación directa de las metas establecidas en la última evaluación regular. Esta conexión fomenta que el miembro del equipo "acepte" de manera entusiasta la visión del líder y las metas de la organización.

Los empleados veteranos necesitan al menos una revisión anual de las metas personales y corporativas, y los nuevos empleados probablemente necesiten revisiones trimestrales durante el primer año. En estas reuniones, tanto los miembros de la plantilla como el líder pueden hacer un análisis del progreso, y señalar áreas en las que se necesite mejorar. Siempre aconsejo a los líderes que dejen que los miembros de la plantilla pongan sus metas para el año siguiente. Las metas tienen que ser específicas y mensurables. Por ejemplo, un punto en la lista de metas de un asistente administrativo podría incluir enviar una agenda para la reunión de la plantilla, con tareas, para cada persona del equipo a mediodía el día antes de la reunión cada semana. (Sí, ¡eso es específico!).

Las metas autoasignadas requieren un poco más de tiempo para que la persona y el líder hablen de ellas y las clarifiquen, pero son más específicas y más motivadoras que las tradicionales revisiones verticales. Los estudios han revelado que la autogestión tiene mayores beneficios que las tareas verticales.

Responsabilidad sin recursos

Cuando hablo con miembros de equipos en iglesias, organizaciones sin fines de lucro y empresas, a menudo descubro su frustración por haberles asignado una responsabilidad, pero no tener los recursos para llevarla a cabo. El recurso que necesitan quizá sea tangible, como dinero, personas, espacio, materiales o tiempo; o puede que sea intangible, como información, entrenamiento o conexiones con personas que necesitan para ayudarles a planificar y ejecutar la tarea.

Con mucha frecuencia la comunicación se ha roto en algún lugar. El miembro del equipo quizá no haya expresado su necesidad muy claramente, o la necesidad se expresó, pero el líder estaba distraído con otras prioridades. A veces, a los líderes les cuesta delegar en otros, así que se guardan la responsabilidad y los recursos para ellos mismos. Esto hace que los miembros de la plantilla que son competentes, capaces y dedicados se vuelvan locos, y erosiona su confianza y competencia.

Los buenos líderes necesitan delegar de manera clara y eficiente. Esto significa que tienen que definir claramente la responsabilidad del miembro del equipo, y asegurarse de que tenga disponibles todos los recursos necesarios para poder hacer el trabajo. Este paso es crucial. La excelencia, confianza y productividad simplemente no se producirán a menos que el líder dedique tiempo a asegurarse de que los miembros del equipo tengan los recursos adecuados para cumplir con sus responsabilidades, y contribuir a la visión de la organización.

Las fechas límite son demasiado flexibles

> Una visión sin un plan es solo una esperanza, y un plan sin una fecha límite es solo un deseo.

Una visión sin un plan es solo una esperanza, y un plan sin una fecha límite es solo un deseo. Las fechas límite son los marcadores específicos del progreso. He visto cuando los miembros de un equipo retrasan la ficha límite que había establecido el líder. A veces, la interacción fue buena y necesaria porque algún obstáculo imprevisto forzó el retraso, pero he visto a algunos líderes aceptar retrasos por la única razón de que un miembro del equipo no planificó bien el trabajo y tuvo una conducta irresponsable, y con mucha frecuencia una mala planificación y conducta irresponsable que había sucedido muchas veces antes, pero que nunca se trató.

Cuando los líderes permiten que este tipo de conducta dicte los retrasos, envían un mensaje alto y claro a esa persona y al resto del equipo: "¡Lo que yo digo no es importante!". Cuando los miembros de un equipo experimentan esto demasiadas veces, se dan cuenta de que la persona irresponsable es la que está dirigiendo al equipo. Pierden el respeto hacia el líder, y la productividad cae en picada.

En cada reunión y para cada tarea, asegúrate de no dejarte nada antes de haber comunicado claramente *quién hace qué y cuándo*. Este requisito no es demasiado rígido o demandante. Es necesario para que las personas trabajen juntas de manera eficaz.

Falta de apoyo de los líderes

Al viajar y reunirme con miembros de equipos, muchos de ellos me dicen: "Me encanta mi trabajo, y estoy muy dedicado al trabajo que estamos haciendo, pero para ser sincero, me siento invisible. No me siento apreciado". A menudo añaden rápidamente: "Sé que eso no debería ser importante, pero estaría mucho más motivado si me sintiera valorado".

Tenemos que ser los mejores animadores de nuestro equipo, no fingirlo, sino apreciarles de manera genuina tanto a ellos como su aportación a la causa. Tenemos grandes sueños y metas, pero Dios nos ha confiado a las personas, y esas personas nos necesitan para pastorearles y entrenarles celebrándoles de incontables maneras. Les damos gracias por su buen trabajo y su actitud positiva, observamos un trabajo especialmente bueno que alguien haya hecho, hablamos a otros sobre cuál ha sido su contribución, y nos detenemos a escuchar cuando quieren compartir una idea o preocupación. Cuando las cosas no salen bien, proporcionamos claridad con paciencia, exhibimos un extraordinario optimismo ante los reveses y ayudamos a las personas a levantarse cuando caen. En todo esto, creamos una cultura inspiradora para las personas que Dios nos ha dado para liderar.

Ellos odian esperar

La mayoría de los líderes son hacedores consumados. No pueden soportar las esperas: en los semáforos, para recibir reportes, llamadas de teléfono o el progreso hacia sus metas. Gran parte de la vida, no obstante, se produce "mientras tanto". Algo importante, y probablemente invisible, está ocurriendo en ti y en tu organización mientras esperas. La Biblia usa la metáfora de sembrar y cosechar (Ver Santiago 5:7.). ¿Has pensado alguna vez en el tiempo que transcurre entre estos dos eventos? Es una larga espera. El agricultor quizá arranque algunas malas hierbas y quizá ore pidiendo lluvia, pero no puede hacer que el grano madure con más rapidez. Si intenta apresurar las cosas, puede que arruine toda la cosecha.

Creo que Dios quiere enseñarnos algunas de las lecciones más importantes en el mientras tanto: mientras esperamos. Nosotros queremos certeza, pero Dios quiere que confiemos en Él durante las largas épocas de ambigüedad. Si estamos demasiado ansiosos y nos impacientamos, corremos el peligro de tener resentimiento ("Dios, ¿qué sucede contigo?"), perder el enfoque ("Me pregunto qué necesito hacer ahora"), dudar de nosotros mismos ("¿Qué hice mal?"), o complacencia ("¿Para qué?").

A lo largo de la Biblia, Dios llevó a sus líderes escogidos por tiempos prolongados de silencio y espera. Noé, Abraham, José, Moisés y los profetas a menudo esperaron durante décadas a que Dios les mostrara cuál era el siguiente paso en su viaje. ¿Será el camino de Dios distinto para nosotros? No, Dios usa los tiempos de espera para prepararnos, así como usó esos tiempos en las vidas de nuestros antepasados.

Cuando la espera se siente como muerte, entiende que estás exactamente donde Dios quiere que estés. Declara que su bondad, su sabiduría, y su tiempo son perfectos. Admite tu angustia. Sé sincero con Él sobre tus frustraciones. Desarrolla un corazón de espera en el Señor, con la expectativa de que Él abra puertas en el tiempo correcto. Y demuestra un corazón de fe mientras caminas por tu tiempo de ambigüedad.

Somos sabios de aprender de los errores de otros para evitarlos, pero la mayoría de nosotros no somos tan inteligentes.

Hasta que no veamos a Jesús cara a cara, las decepciones serán parte de la vida. Somos sabios de aprender de los errores de otros para evitarlos, pero la mayoría de nosotros no somos tan inteligentes. Solo aprendemos por las malas: cometiendo errores y aprendiendo las lecciones de primera mano. No importa cómo las aprendamos, son increíblemente valiosas. El resto de tu vida y tu eficacia como líder dependen de las lecciones que aprendas de las decepciones. Un pastor sabio le dijo a su equipo de liderazgo: "Las lecciones que aprendan de sus decepciones y fracasos antes de tener cuarenta años determinan cómo les usará Dios durante el resto de sus vidas". Ese es un consejo esperanzador y que da qué pensar sobre el camino y los propósitos de Dios.

El esfuerzo francés de excavar y construir un canal que cruzase Panamá demostró ser un fracaso colosal. Durante años, el cicatrizado paisaje yacía en silencio, solo con un intento abortado de los franceses para retomar la obra. Finalmente, admitieron que no podían hacerlo. Era necesaria una nueva visión, con una nueva fuente de energía y entusiasmo.

> El resto de tu vida y tu eficacia como líder dependen de las lecciones que aprendas de las decepciones.

En el siguiente capítulo veremos que fue necesario un líder extraordinario, uno que estuviera dispuesto a empujar los límites de las posibilidades, para que fuera posible.

PIENSA EN ESTO

Medita en estas preguntas y discútelas con tu equipo:

1. ¿Cuáles son algunas formas en que la comparación nos crea puntos de referencia erróneos? ¿Cuáles son algunos puntos de referencia de progreso buenos, correctos y saludables para ti y para tu organización?

2. ¿Cuáles son algunas formas en que puedes saber si tus sistemas y estructuras han fallado?

3. En tiempos de decepción, ¿por qué es importante comunicar la cruda verdad, pero con optimismo? ¿Qué ocurre cuando los líderes encubren la verdad para quedar bien? ¿Qué ocurre cuando comunican tristeza y desesperación?

4. Escoge dos de los obstáculos de la última sección del capítulo. ¿Cómo ha sido cada uno de ellos un impedimento para ti? ¿Qué vas a hacer con ellos?

Recuerda: El tamaño y la velocidad de una organización están controlados por sus sistemas y estructuras.

CAPÍTULO 3

¿DÓNDE ENCUENTRAS PASIÓN Y PROPÓSITO NUEVOS?

Theodore Roosevelt no siguió el guión estándar para personas con su trasfondo. Su padre fue uno de los hombres más ricos y respetados de Nueva York. La familia estaba en el nivel más alto de los aristócratas. Como otros jóvenes de su clase, Theodore asistió a una de las universidades de la *Ivy League*. Cuando se graduó de Harvard, se esperaba de él que tuviera una vida de ocio, reservada, distante y protegida de "esas personas" del resto de la sociedad.

Roosevelt sentado en los controles de una excavadora a vapor

BIBLIOTECA DEL CONGRESO

Pero Theodore Roosevelt era distinto a todos los demás. De niño, sufrió terriblemente de asma. A menudo le costaba tanto respirar, que su padre lo llevaba por Nueva York en un carrito en mitad de la noche para que respirara aire fresco. Pero el niño era un ávido naturalista. En la universidad fue boxeador. De joven adulto se fue al oeste, compró un rancho y se hizo vaquero. Se convirtió en un experto cazador y seguía a sus presas durante días para poder conseguir un buen disparo. Pero nada preparó a sus familiares y amigos para su decisión más asombrosa: entrar en política. La pelea del estado y el gobierno nacional se consideraba algo que estaba por debajo de las personas de su condición. Abandonó la Facultad de Leyes de Columbia para presentarse como candidato.

Roosevelt primero se presentó sin éxito para ser alcalde de Nueva York, pero esa derrota no lo detuvo. Fue elegido a la Asamblea del Estado de Nueva York desde Manhattan, y trabajó durante dos años, desde 1882 hasta 1884. Después se convirtió en inspector de la policía de Nueva York, y reformó ese corrupto cuerpo. Era conocido por su "intachable honestidad".[1] Durante este periodo, un periodista informó del trágico aprieto de los inmigrantes en los barrios pobres de la ciudad. Roosevelt le pidió al periodista que le llevara para verlo de primera mano, y observó unas condiciones de vida que nunca antes había imaginado. La experiencia convirtió a Roosevelt en un compasivo y tenaz paladín de los oprimidos.

Roosevelt fue nombrado secretario asistente de la Marina en 1897, y se dedicó al esfuerzo de expulsar a España de Cuba. Cuando el barco de guerra estadounidense *Maine* explotó en el puerto de La Habana, Roosevelt preparó a la Marina para la guerra. Nunca se conformó con sentarse en las bandas, así que dimitió de su papel en la Marina. Se unió al ejército como coronel de los "Jinetes Duros", que se hicieron famosos por su ataque en el monte San Juan, que era en verdad el monte Kettle. Como unos cuantos intrépidos, Roosevelt se sentía más vivo con balas pasando cerca de él. Después llamó a ese éxito "la hora más ocupada y gloriosa de mi vida".[2]

Tras la breve y exitosa guerra en Cuba, Roosevelt regresó a los Estados Unidos, y se presentó exitosamente para convertirse en gobernador de Nueva York. Su energía y destreza en el liderazgo captó la atención nacional del Partido Republicano, y le pidieron que se convirtiera en nominado a la vicepresidencia del presidente William McKinley en su segundo mandato. La pareja ganó las elecciones, pero solo meses después de la toma de posesión, un anarquista asesinó a McKinley. El jovial Roosevelt de repente se convirtió en presidente de los Estados Unidos.

Muchos observadores políticos experimentados creían que el inexperto Roosevelt no sería más que un presidente provisional. Estaban muy equivocados. Se convirtió en activista, arruinando los créditos que dominaban las empresas y ahogaban la competencia, resolviendo una incapacitante huelga del carbón, regulando los ferrocarriles, y creando la Ley de Inspección de Cárnicos y la Ley de Pureza de Alimentos y Medicamentos para detener la venta de carne rancia y medicamentos contaminados. Además, creó el Servicio Forestal de los Estados Unidos y estableció multitud de monumentos nacionales, bosques nacionales, parques nacionales y cotos de caza. Dio discursos poderosos y populares que cautivaron la imaginación del público, aunque sus brillantes dotes oratorias enfurecían a sus oponentes. A menudo se le llama "el primer presidente moderno",[3] pero fue distinto a cualquier otro líder nacional antes o después de él.

No mucho después de convertirse en presidente, Roosevelt se dio cuenta de que el ejército y la fuerza industrial estadounidenses mejorarían mucho terminando un canal que cruzara Panamá. En un discurso en el Congreso en diciembre de 1901 anunció sus planes de terminar el canal. Aseguró: "Ninguna gran obra material que esté sin terminar en este continente es de tanta importancia para el pueblo americano".[4]

En cuestión de meses, Roosevelt pasó a la acción. Envió un emisario para comenzar las negociaciones con Colombia, ya que en ese tiempo Panamá era una provincia de ese país. Cuando las negociaciones se detuvieron, Roosevelt de nuevo tomó la iniciativa. Instigó una revolución en Panamá y ordenó a sus soldados que sobornaran a los soldados colombianos para que depusieran sus rifles. En cuestión de horas, la "batalla" por Panamá había terminado, y el 3 de noviembre de 1903 Panamá se convirtió en una nación, con una constitución que ya habían escrito los estadounidenses que habían anticipado el éxito de la revolución.

El nuevo gobierno panameño firmó un tratado con los Estados Unidos, y se creó la Zona del Canal. Pocos meses después, Roosevelt autorizó la compra de los edificios y equipos de los restos de la empresa francesa por 40 millones de dólares. ¡El gran proyecto estaba de nuevo en marcha!

DOS PREGUNTAS CRUCIALES

Cuando la decepción detiene los planes de un líder, él o ella a menudo deberían trazar una nueva visión y pasar a la acción valiente para que la organización avance. El valor para echar una mirada honesta a los reveses es esencial. Puede que los líderes se sientan tentados a participar de la tristeza y la desesperación, pero encuentran una forma de ver las decepciones como momentos decisivos, no como callejones sin salida.

El proyecto francés del canal fue un desastre en todas las formas posibles. A finales de la década de 1800, el sueño de ingeniar un paso a través de América Central parecía imposible, pero Theodore Roosevelt aún creía. La necesidad era tan grande como siempre, incluso mayor porque el comercio había aumentado exponencialmente en las décadas anteriores. Cuando se convirtió en presidente, Roosevelt esencialmente hizo dos preguntas sobre el canal: ¿Podemos hacerlo? ¿Tenemos a las personas correctas para lograrlo?

> Los líderes encuentran una forma de ver las decepciones como momentos decisivos, no como callejones sin salida.

Quizá ningún otro líder en la historia estadounidense tuvo tanta confianza en sí mismo como Theodore Roosevelt. Tuvo un espíritu indomable, positivo, incluso un gozo genuino al hacer frente a los mayores problemas de su tiempo. Tenía una poderosa mezcla de optimismo y tenacidad. ¿Cuál era la fuente de esos rasgos? Había vencido a un asma severa de niño y a un cuerpo frágil siendo joven. Había soportado la muerte de su madre y su esposa en el mismo día, justo después del nacimiento de su primer hijo. Estos sufrimientos amenazaron con destruirlo, pero finalmente le hicieron más resistente.

Donde otros vieron derrota y duda, Roosevelt vio una oportunidad. El fracaso francés en Panamá no le asustó. Tenía toda la confianza necesaria en las capacidades estadounidenses para ir a cualquier lugar, hacer frente a cualquier reto, y vencer cualquier obstáculo. Su respuesta a la primera pregunta fue sin lugar a duda: "¡Por supuesto que podemos!". Como todos los grandes líderes, Roosevelt nunca utilizó la palabra *suficiente;* para él, siempre había "más".

Cuando experimentamos reveses importantes, puede que nos preguntemos si el sueño está muerto. Tenemos que cavar más hondo para encontrar esa mezcla de optimismo y tenacidad. Nos preguntamos: "¿La necesidad sigue estando ahí? ¿Sigue viva la visión? ¿Podemos encontrar una manera de cumplirla?". Frases poco entusiastas no lo conseguirán. Las personas que nos rodean necesitan ver en nuestros ojos y oír en nuestra voz la afirmación de que aún creemos: creemos que la necesidad debe ser cubierta, creemos que somos las personas que pueden liderar el esfuerzo, y creemos en las personas que nos rodean.

La segunda pregunta a menudo es mucho más difícil de responder. Cuando los líderes miran a las personas que les rodean, tienen que decidir a quién *conservar*, a quién *reasignar* y de quién *prescindir*. Consideran la actitud y capacidad de cada persona, no lo bien que una persona encaja en la actual situación, sino lo bien que él o ella encajan en un papel concreto en la nueva visión ampliada.

A menudo uso la metáfora de una escalera para ilustrar al líder y un equipo. Una persona puede escalar solo unos metros por una escalera si no hay nadie que sostenga la escalera. Puede subir más alto si tiene a alguien que la sostenga, pero puede subir mucho más alto si tiene personas lo suficientemente fuertes, atentas y hábiles sosteniendo la escalera. De hecho, si tiene a las personas adecuadas, puede conseguir una escalera mucho más alta. La pregunta para todo líder es: ¿quién sostiene tu escalera?

En mis consultas con líderes de todo el mundo, he observado cuatro tipos de personas en sus organizaciones: los *vagabundos* nunca ven la visión, pero no les importa; los *seguidores* ven la visión, pero no la persiguen por sí solos; los *triunfadores* están asidos por la visión y están intrínsecamente motivados para pasar a la acción; y los *líderes* están seducidos por la visión para reunir a otros y perseguirla con ellos. Los líderes reúnen a sostenedores de escalera. Ellos solo pueden subir tan alto como el número, la dedicación y la capacidad de quienes están sosteniendo su escalera.

- Vagabundos
- Seguidores
- Triunfadores
- Líderes

Ninguna organización puede crecer si hay demasiados vagabundos, pero todas las organizaciones tienen una buena cantidad de seguidores. La mayoría de los líderes superiores se emocionan al tener muchos triunfadores, pero los mejores líderes saben que no pueden alcanzar sus metas más altas a menos que encuentren y cultiven a otros líderes apasionados y competentes que trabajen a su lado.

LAS DECISIONES MÁS DIFÍCILES

Cuando un líder tiene una visión renovada, afronta las decisiones más difíciles: las que tienen que ver con las personas. Las decisiones acerca de proyectos, programas, agendas y financiamiento pueden parecer difíciles, pero son relativamente sencillas comparadas con las decisiones difíciles de conservar a la mayoría, reasignar a algunos y prescindir de unos cuantos. Podríamos suponer que el revés que hemos experimentado provocó la mayor disonancia en nosotros y nuestras organizaciones, pero a menudo afrontamos un caos mayor cuando damos pasos para reestructurar nuestros equipos de liderazgo.

Cambiar de dirección es relativamente fácil; cambiar de personas es terrible. Algunos están deseosos de volcarse en la visión renovada y la estrategia actualizada, pero otros están apegados a las soluciones de ayer, y están más interesados en proteger su propia parcela que en ampliar sus horizontes. Algunos están confundidos y solo necesitan algo de tiempo y atención para subirse a bordo, pero otros continúan resistiéndose mucho después de haberles dado la información y el tiempo adecuados. Dales a todos la oportunidad de cooperar con la visión, pero observa a las personas que se resisten de manera crónica, negativa y divisiva.

> Cambiar de dirección es relativamente fácil; cambiar de personas es terrible.

El drama de perseguir una nueva visión no solo hace que las personas de nuestra organización se sientan inseguras, sino que hace que nosotros también nos sintamos inseguros. Quizá queremos afirmación de las personas que tienen preguntas sobre la nueva dirección que estamos trazando. Cuando no son rápidos para cooperar con todo su corazón, quizá nos preguntamos si están en verdad con nosotros, y puede que nos preguntemos incluso si vale la pena que nos sigan. Cuando hacen preguntas difíciles, nos preguntamos si están siendo leales. En un periodo en que estamos intentando construir un equipo más fuerte, la nueva dirección a menudo crea reticencia, sospechas y conflicto.

Tenemos que aprender que el acuerdo no es sinónimo necesariamente de lealtad, y el desacuerdo no significa necesariamente que la persona sea desleal. En una atmósfera de confianza, los desacuerdos no se interpretan de forma negativa, sino que son parte del proceso de afinación de la dirección de la organización.

Cuando se está presentando una nueva visión durante el transcurso de unos días, semanas o incluso meses, muchas personas en el equipo de liderazgo se pierden rápidamente entre las malezas de detalles. Quieren saber cómo les afectará el cambio específicamente. La tarea del líder es llevar continuamente el enfoque a la necesidad y la misión: el cuadro general. El proceso de discusión y planificación finalmente responderá a las preguntas tácticas, pero como hemos visto, es un gran error saltar demasiado rápido a la parte táctica y olvidarnos de la visión estratégica mayor de suplir las necesidades acuciantes.

Relanzar una nueva visión es por lo general más desafiante que lanzar la visión original. La decepción es una dura realidad, pero no ayuda en nada enfocarnos en el pasado. Una imagen nueva del futuro es algo necesario. El líder debe deconstruir la nueva visión en una decena de formas, describiendo lo que significará cumplir la visión para las personas que son tocadas por ella. Un cuadro claro del futuro ayuda a las personas a mantener una actitud positiva, y aplaca sus recurrentes ansiedades.

Al mismo tiempo, el líder tiene que ser sincero con respecto al costo y la pérdida. Todo cambio conlleva una pérdida, así que reconocer las pérdidas antes de que se produzcan le da al líder credibilidad ante los ojos de su equipo. El líder explica pacientemente cómo los cambios en los sistemas y la estructura organizacional afectarán a cada persona, dando claridad y ofreciendo la esperanza de que el cambio merece el esfuerzo.

ANTICIPAR EL CAOS

Cuando Roosevelt se comprometió a terminar el canal de Panamá, no arregló el caos existente; más bien, ¡creó gran parte del mismo! De repente, diplomáticos e ingenieros se vieron ante problemas que habían estado dormidos durante una década. Su nueva visión creó problemas antes de resolver ninguno. Del mismo modo, cuando obtenemos una visión renovada de nuestras organizaciones, multiplicamos las perturbaciones, al menos al principio. Si las anticipamos, tendremos la oportunidad de preparar a nuestro personal para manejarlas.

El experto irlandés en conducta organizacional Charles Handy popularizó un concepto sobre el crecimiento y declive de las organizaciones empresariales, el cual ilustró usando una Curva Sigmoide. El diagrama de Handy muestra cómo los líderes pueden reconocer y responder a las señales de un posible declive o uno ya existente. Su gráfica comienza simplemente mostrando crecimiento en el Punto A, pero estancamiento y declive en el Punto B.[5]

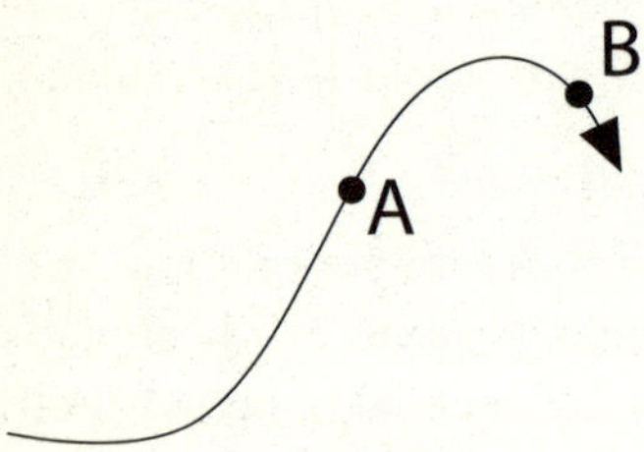

Sorprendentemente, Handy concluyó que el Punto A, no el punto B, es el punto de peligro. Cuando las organizaciones están creciendo y prosperando, muchos líderes suponen que seguirán viendo un destacado crecimiento en el futuro próximo.

A menudo se conforman y se confían en exceso, y comienzan a dejarse llevar, en lugar de avanzar hacia delante. No se dan cuenta de que están perdiendo la oportunidad de sacar el máximo rendimiento al impulso que han generado.

> Los líderes perceptivos predicen la necesidad de hacer cambios *antes* de que se produzca el declive.

Los líderes perceptivos predicen la necesidad de hacer cambios *antes* de que se produzca el declive. Quienes esperan demasiado pierden el impulso necesario para hacer los cambios más fácilmente, pero en el Punto A pocas personas en la organización ven la necesidad de cambio. Para la mayoría de las personas, no hay nada mal; no se necesita arreglar nada. La tarea del líder en ese punto es explicar que el impulso se perderá si no lo usan para catapultarse hasta el siguiente nivel de crecimiento. El líder inyecta una sensación de urgencia cuando la mayoría de las personas solo quieren relajarse y disfrutar del éxito.

En este momento del crecimiento de la organización, la urgencia del líder puede parecer extraña, y de hecho, algunos se preguntarán si ha perdido el juicio. Está creando caos cuando otros suponen que todos sus esfuerzos lo han evitado eficazmente. Pero repito, si el líder espera hasta que todos vean la necesidad de cambio en el Punto B, es mucho más difícil volver a conseguir ímpetu y hacer girar al barco.

Cuando los líderes establecen el cambio en el Punto A presentando una visión nueva del futuro, lanzan otro ciclo de crecimiento. La urgencia, esperanza y mayor llamado del líder se combinan con la confusión, letargo y duda de sus seguidores. El tiempo que transcurre entre la visión nueva en el Punto A y la nueva ola de ímpetu en el B, a menudo dos años, es un Periodo de Caos.

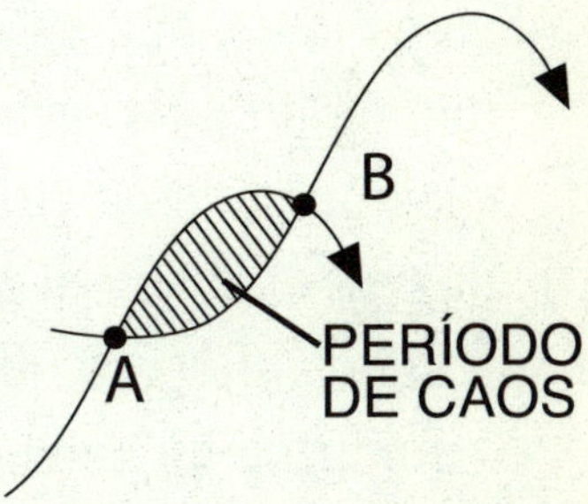

La primera vez que un líder anticipa la necesidad de una nueva visión en el Punto A y crea cambio puede ser el periodo más complicado de su carrera. Sin embargo, el éxito produce confianza. En el futuro, los tiempos de crecimiento se interpretan como oportunidades para lanzar a la organización hacia metas incluso más visionarias, y el ciclo se repite una y otra vez.

Este ciclo repetitivo de cambio continuo solo sucede cuando los líderes están continuamente percibiendo y comunicando de manera continua un sentido de urgencia.[6] Muchos pastores y algunos líderes empresariales valoran la paz por encima de todo lo demás. El caos les incomoda, ¡y crear caos es impensable! Estos líderes tienen que dar un paso atrás y darse cuenta del costo cuando valoran la paz más que la oportunidad de una explosión de crecimiento.

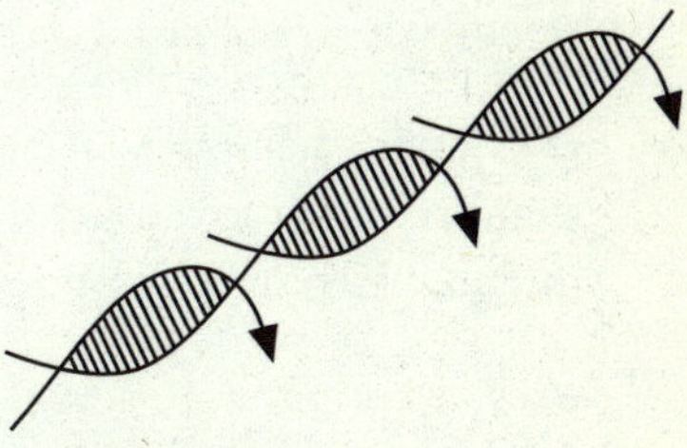

El apóstol Pablo aconsejó a los cristianos en Roma que vivieran en paz si era posible (Ver Romanos 12:18.), pero cuando Lucas describió la vida de

Pablo en Hechos, le vemos creando caos en casi cada ciudad donde viajaba. Esa es la espada de doble filo de un líder: ayudar a las personas a vivir en paz, pero avivar el caos lo suficiente para que se produzca un cambio. Los verdaderos líderes ven las oportunidades, ven el potencial en las personas, y ven las posibilidades para que sus organizaciones marquen la diferencia. Puede que para algunos líderes no sea algo natural crear caos, pero es esencial para todos si queremos tener un impacto profundo; si queremos ser líderes y no cuidadores.

Esa es la espada de doble filo de un líder: ayudar a las personas a vivir en paz, pero avivar el caos lo suficiente para que se produzca un cambio.

A menudo hago a los líderes varias preguntas con respecto al cambio:

- En los últimos tres a cinco años, ¿cuándo experimentó tu organización un ímpetu significativo?
- ¿Qué creó el movimiento hacia delante?
- ¿Cómo respondiste cuando tuviste ímpetu? ¿Le sacaste el máximo partido, o dejaste que se acabara por sí solo?
- Si lo dejaste acabar, ¿qué podrías haber hecho de modo diferente para capturar ese ímpetu?
- ¿Cómo estás cultivando una percepción continua y un continuo sentimiento de urgencia?
- ¿Dirían las personas en tu equipo de liderazgo que siempre estás alerta, siempre optimista y siempre apasionado con la siguiente fase de crecimiento? Explica tu respuesta.

El caos y el conflicto no son el fin del mundo. Puede que alerten de problemas genuinos en una organización, pero puede también que sean la fricción inevitable entre personas que están apasionadas con avanzar una visión. Si la organización está enfocada hacia delante, entonces el conflicto aumenta a medida que se acelera el cambio. Por supuesto, como mejor se maneja es mediante la diplomacia, la negociación y construyendo puentes. En un entorno positivo, de sí se puede, los líderes pueden modelar y enseñar las habilidades de resolver el conflicto de manera constructiva.

Cuando enseño a equipos a usar el conflicto de manera constructiva, explico que el conflicto puede ser un gran PEES. Ellos tienen que *Pausar* para enfocarse en la situación y la persona sin distraerse. Después deberían *Escuchar* con atención, parafraseando los puntos de la otra persona. Hacer preguntas y dedicar tiempo a *Entender* la posición del otro y después validar los sentimientos de la persona. Después *Solucionar* el problema juntos como equipo, o si solo uno es responsable de la decisión, al menos la otra persona se siente entendida aunque no esté de acuerdo.

- Pausar
- Escuchar
- Entender
- Solucionar

Nadie acusó nunca a Theodore Roosevelt de ser pasivo y complaciente. Cada molécula, cada palabra, y cada acción gritaba: "¡Tenemos que conseguir hacer esto ahora!". Creía apasionadamente que estaba destinado a lograr grandes cosas, y esa confianza le impulsó para intentar grandes cosas y reunir a las mejores personas que tenía a su alrededor para realizar el trabajo. Cuando me reúno con líderes superiores en todo el mundo, algunos son como Roosevelt. Tienen dos cualidades que les separan del resto: tienen un fuego interior que arde con una energía enorme, y tienen un giroscopio interior que les da dirección. Persiguen grandes cosas, en sus empresas, en sus iglesias y en sus organizaciones sin fines de lucro, y generan energía en las personas que les rodean. Fallan muchas veces, pero nada les impide levantarse e intentarlo de nuevo.

LA LINEA DIVISORIA

Seamos sinceros. El Punto A tiene el potencial de ser un momento decisivo, un momento que actúa de línea divisoria para el líder y la organización, pero muchos líderes se lo pierden por varias razones. Puede que vivan a tope por el brillo del éxito en el Punto A y disfruten la afirmación que reciben de las muchas personas que les dicen: "¡Bien hecho!". O puede que sufran de una terca ceguera; la oportunidad de crecimiento está justo delante de ellos, pero cierran sus ojos a ella porque requerirá más esfuerzo, generará más cambio y creará más conflicto que quedarse sentados y mirar el fruto del esfuerzo previo. El periodo de caos entre los Puntos A y B requiere necesariamente decisiones difíciles sobre personas queridas que han servido fielmente, o quizá personas obstinadas que amenazan con estallar si se les reasigna o se les libera.

Otro factor limitante es que muchos líderes están tan ocupados que no tienen margen suficiente para alejarse, pensar, hablar con un mentor, orar y soñar con cosas mayores. Su plato está lleno y rebosando. Ya están cansados, ¡y no se imaginan el hecho de añadir caos a la mezcla! Un esfuerzo importante para avanzar necesariamente conlleva evaluar y actualizar tanto sistemas como estructuras, una tarea abrumadora incluso para los que tienen margen en su vida. Quizá tengan una visión nueva, pero el costo de implementarla es demasiado elevado. En los siguientes párrafos explicaré formas prácticas de tratar estos factores limitantes.

> Para que algo sea *mayor* y *más rápido* se necesita un mejor *cómo* y *quién.*

Tenacidad, paciencia, persistencia y atención al detalle son esenciales en ese momento crucial cuando los líderes se encuentran en el Punto A. Cuando los líderes hacen planes para capturar el momento en el Punto A, algunos se sienten paralizados por los temores a lo desconocido. Les animo a dividir el plan en sus distintas partes. Después, para cada parte les pregunto: "¿Qué es lo peor que podría suceder?". Cuando identifican qué es lo peor, entienden que pueden manejarlo, así que se sienten libres para lanzarse a ello sin reservas. La secuencia es simple y profunda: dividen sus planes en segmentos, piensan en los peores resultados posibles, y después vuelven a trabajar para producir planes excelentes y específicos.

Muchos líderes que dieron pasos para inyectar una visión renovada en sus organizaciones me han dicho: "Sam, no sé lo que ocurrió, pero no funcionó". Cuando hago preguntas más concretas me doy cuenta, y espero haberles ayudado a ellos a darse cuenta, de que han intentando cumplir una nueva visión usando sus viejos sistemas y estructuras. Si la visión es limitada, entonces eso podría funcionar, pero si es grande, el plan no fracasó por culpa de la idea. La esperanza de mayor tamaño y velocidad requería poner al día la forma en que funcionan las cosas (los sistemas) y la forma en que trabajan las personas (la estructura). Para que algo sea *mayor* y *más rápido* se necesita un mejor *cómo* y *quién*.

HACER LAS PREGUNTAS CORRECTAS

> Las buenas preguntas enfocan nuestro pensamiento y amplían las posibilidades.

Todos nos levantamos cada mañana con dos materiales inestimables: suposiciones sobre la forma en que funciona la vida y un abanico de experiencias, desde la euforia hasta las decepciones demoledoras. Sin embargo, puede que no vengan con el entrenamiento para hacer las preguntas más pertinentes sobre nuestro pasado, presente y futuro. Las buenas preguntas enfocan nuestro pensamiento y amplían las posibilidades. Muchas personas, incluyendo a muchos líderes, simplemente reaccionan a situaciones y personas todos los días y cada día, sin hacer el trabajo crucial de pensar con claridad. El pionero en educación John Dewey observó, según consta: "No aprendemos de la experiencia; aprendemos al meditar en la experiencia".[7]

Mientras pensaba en mis propios hábitos y patrones de pensamiento, anoté algunas preguntas que los líderes podrían considerar:

- ¿Cuáles son tus suposiciones fundamentales sobre Dios, sobre ti mismo y sobre la vida? (Esto no es solo lo que *dices* que crees, sino lo que *verdaderamente* crees).
- ¿Cómo se formaron esas suposiciones? ¿Quién o qué te ha influenciado más poderosamente?
- ¿Qué proceso usas al pensar? ¿Cuál es la eficacia de tu proceso?
- ¿Cómo recabas la información?
- Ante una situación difícil, ¿cuáles son tus preguntas más frecuentes?

- ¿Cuál es tu configuración por defecto? En otras palabras, en los tiempos difíciles, ¿a qué patrones de pensamiento sueles acudir?
- ¿Quién es la primera persona en la que piensas cuando necesitas ayuda con un problema?
- ¿Quién te hace pensar con más profundidad? ¿Cuánto tiempo pasas con esa persona?
- ¿Sobre qué conceptos estás más dispuesto a aprender más?
- ¿Qué tienes que desaprender?
- ¿Qué pensamientos te frustran o enfurecen?
- ¿Las perspectivas de quién te producen más consuelo, gozo e inspiración?
- ¿Quién sabe lo que piensas de ti mismo, de Dios, o de los más cercanos a ti y de la vida?
- Si estuvieras completamente abierto y fueras vulnerable, ¿qué dirías y a quién?
- ¿Qué puedes hacer para mejorar tus habilidades de pensamiento?

RECARGA

Algunas personas han llegado a este punto en el capítulo y quieren gritar: "¿Cómo puedes decirme que dedique más tiempo a pensar más profundamente y con más claridad? ¡Apenas encontré el tiempo para leer hasta aquí en tu libro!". Lo entiendo. Una de las luchas más comunes de los líderes es el agotamiento, no solo el físico, sino el agotamiento mental, espiritual, emocional y relacional. Siguen adelante sin energía. Yo también he estado ahí. Es difícil liderar con urgencia, creatividad y entusiasmo si estás muy cansado. Para los que están en esta condición, voy a ofrecer unas cuantas sugerencias.

Encuentra amigos y mentores

Un amigo es tu confidente y animador, pero un mentor es un entrenador que te dice las cosas que quizá no quieres oír. Creo que todos necesitamos algunos amigos y un mentor. Con ambos, necesitamos ser vulnerables. Si nos guardamos la verdad, no conseguiremos la retroalimentación y el apoyo que necesitamos. La psicóloga Brené Brown ha escrito acerca de encontrar la fuerza interior para ser honesto. En *Daring Greatly* (Frágil: El poder de la vulnerabilidad) escribió: "El valor comienza con mostrarnos y permitir que nos vean... La vulnerabilidad suena como la verdad y se siente como el valor. La verdad y el valor no siempre son cosas cómodas, pero nunca son una debilidad".[8]

Redescubre lo que te gusta hacer

Los líderes pueden ir a la deriva. Las presiones del trabajo, la necesidad de recoger los pedazos de los miembros del equipo que no hacen su trabajo lo suficientemente bien, y los estreses multiplicados de liderar una organización pueden consumir nuestro tiempo y atención. Poco después estamos haciendo muchas cosas que no nos gusta hacer, y cada vez hacemos menos las cosas que nos aportan gozo y energía. Tenemos que detenernos regularmente y analizar lo que hacemos cada día y cada semana. Si estamos crónicamente frustrados, puede que sintamos demasiada responsabilidad por cosas que no hacemos particularmente bien. No podemos crear un trabajo que disfrutemos al cien por ciento, pero para muchos de nosotros el porcentaje tiene que ser mucho más alto del que es actualmente.

Celebra las pequeñas victorias

La gratitud es un regalo para Dios, un regalo para los que nos rodean, y en verdad un regalo para nosotros mismos. Cuando observamos las miles de cosas que van bien, las muchas personas que trabajan bien, y las muchas bendiciones de Dios, respiramos aliviadamente y celebramos un poquito más. El agradecimiento es una fortaleza esencial del liderazgo, y es agua para nuestra alma sedienta.

Crea más tiempo para soñar

> Si no incluyes en tu horario tiempo para soñar, siempre estarás operando según las esperanzas y la visión del año pasado.

Si no incluyes en tu horario tiempo para soñar, siempre estarás operando según las esperanzas y la visión del año pasado. Los sueños no surgen por sí solos. Tenemos que permitir que haya tiempo y espacio para poder imaginar lo que Dios podría querer hacer, y al dedicar tiempo a estar en su presencia, podemos escuchar.

¿VALE LA PENA?

Theodore Roosevelt tuvo una visión renovada para un canal que cruzara Panamá. Para que eso sucediera, inspiró una revolución. Creó caos para conseguir su meta. Todo líder debería preguntarse: "¿Valen la pena todos estos problemas?". Las últimas cifras disponibles muestran que el 70 por ciento del comercio hacia y desde los Estados Unidos pasa por el canal.[9] Sin esta arteria entre los océanos, todo el cargamento tendría que viajar mucho más lejos y costar bastante más. Además, el ejército estadounidense confía en el Canal para mover rápidamente sus barcos, miembros de servicio y material hacia lugares problemáticos en el mundo.

La creación del canal, como veremos, fue enormemente costosa, pero en la actualidad cada persona en nuestro país y muchas personas en el mundo se benefician de su existencia. Del mismo modo, los líderes crean caos mientras trazan un camino incluso más elevado desde el éxito del Punto A. Pueden escoger relajarse y disfrutar de su éxito, pero tarde o temprano sus organizaciones se estancarán y entrarán en declive. O pueden pagar el precio de una nueva visión. Puede que el costo sea alto, pero pronto llegarán a la conclusión de que vale la pena.

En el siguiente capítulo comenzaremos a ver cómo empezó a tomar forma la valiente visión de Roosevelt. El primer ingeniero jefe estadounidense se esforzó tanto como sus predecesores franceses, pero su sustituto conocía la importancia de crear primero sistemas excelentes y eficaces que pudieran sacar el máximo trabajo de la estructura de ingenieros y trabajadores.

PIENSA EN ESTO

Medita en estas preguntas y discútelas con tu equipo:

1. ¿Dónde se encuentra tu organización en la Curva Sigmoide? ¿Cómo puedes saberlo?

2. Responde a las preguntas que a menudo hago a los líderes acerca del cambio:

    - En los últimos diez o quince años, ¿cuándo experimentó tu organización un ímpetu significativo?
    - ¿Qué creó el movimiento hacia delante?
    - ¿Cómo respondiste cuando tuviste ímpetu? ¿Le sacaste el máximo rendimiento, o dejaste que se acabara?
    - Si dejaste que se acabara, ¿qué habrías hecho de modo distinto para sacarle el máximo partido al ímpetu?
    - ¿Cómo estás cultivando una percepción continua y un sentimiento continuado de urgencia?
    - ¿Dirían las personas de tu equipo de liderazgo que siempre estás alerta, que siempre eres optimista y apasionado con la siguiente fase de crecimiento? Explica tu respuesta.

3. Cuando llegas al momento decisivo del Punto A, ¿cuáles son los obstáculos que encuentras, tanto a nivel personal como organizacional? ¿Cómo los superarás?

4. ¿Cuáles de las sugerencias de la sección de "Recarga" del capítulo tienes que aplicar? ¿Qué pasos darás para cada uno?

5. ¿Cuál es el siguiente paso práctico que darás para aprovecharte del éxito en tu organización? ¿Cuál será el costo? ¿Cuáles serán los beneficios?

Recuerda: El tamaño y la velocidad de una organización están controlados por sus sistemas y estructuras.

CAPÍTULO 4

¿CÓMO DESARROLLAS EL PLAN CORRECTO?

Obras de perforación

BIBLIOTECA DEL CONGRESO

Durante décadas, varios países consideraron diferentes rutas a través de América Central. En la década de 1880, los Estados Unidos sondearon un camino que cruzara Nicaragua utilizando la vasta expansión del Lago Nicaragua durante gran parte del viaje. Sin embargo, las preocupaciones por la actividad volcánica y la elevación del lago detuvieron los planes. Los ingenieros estadounidenses consideraron un canal a través de la parte más estrecha de México, pero la distancia era demasiado grande. Una ruta a través de Panamá en Darién, al este del actual canal, tenía buenos puertos en ambas costas, pero la distancia a través del istmo era significativamente más larga. Los ingenieros también rechazaron aún otro camino más al este al final del istmo en el Golfo de Urabá, porque un informe mostraba que sería demasiado caro.

Mientras los ingenieros estadounidenses consideraban distintas rutas en 1902, el plan de Nicaragua aún parecía viable. El canal nicaragüense necesitaría ocho esclusas; el canal panameño tendría seis, incluyendo una extra para contar con las mareas más altas del lado del Pacífico. En una reunión para tomar la decisión final sobre la ruta, surgió un acalorado debate entre el existente plan francés y uno en Nicaragua que duró dos semanas, pero el plan panameño ganó en una votación muy ajustada: 42-34.

Los franceses ya habían aportado montañas de dinero, tiempo y esfuerzo en una ruta a través de Panamá cerca del río Chagres. El presidente Roosevelt intentó negociar un tratado con el gobierno de Colombia, pero los colombianos no estuvieron dispuestos a ceder el control de la Zona del Canal. Los diplomáticos de Roosevelt y la Marina apoyaron una revolución casi incruenta para separar de Colombia la provincia de Panamá. Solo unas dos semanas después, el 18 de noviembre de 1903, el incipiente gobierno panameño firmó el Tratado de Hay-Bunau-Varilla, cediendo a los Estados Unidos el control de la Zona del Canal de Panamá de diez millas (15 kilómetros) de anchura por diez millones de dólares y una anualidad de 250 mil dólares. El pueblo de Colombia menospreció a Theodore Roosevelt por su interferencia y la herida a su orgullo nacional. El pueblo de América estaba comenzando a entender que su presidente era un hombre de notable visión y valor.

En el istmo, los estadounidenses estaban finalmente en el asiento del conductor. Tenían un tratado y el control de la tierra, pero también tenían abundante equipo obsoleto y oxidado, y edificios ruinosos dejados por los franceses. Los sistemas y la estructura existentes parecían ser un desastre sin mitigar. El entorno de jungla hizo que la madera se estropeara y el metal se oxidara, y parecía no haber prácticamente instalaciones para el enorme número de trabajadores que se necesitarían, primero para construir nuevos sistemas, y después para usar esos sistemas para construir el canal.

La gran idea de terminar el canal a través de Panamá estaba muy clara, pero el plan para lograrlo aún estaba en el aire. La primera tarea fue catalogar cada bien que existía en la Zona del Canal. Aunque en los Estados Unidos se estaban construyendo dragas tres veces más grandes que cualquiera de las que hubieran usado los franceses, los trabajadores implementaron un sistema de tarjetas para identificar la existencia y utilidad de todo lo que veían. De manera sorprendente, encontraron algunos edificios, trenes, dragas y otros equipos que aún se podían usar.

El primer ingeniero jefe fue John Findley Wallace. Él se lanzó de lleno a la abrumadora tarea, pero en seguida experimentó las frustraciones de tener que lidiar con los retrasos provocados por el Congreso, el cual trataba de manejar al detalle el proceso desde miles de kilómetros de distancia. Los hombres contratados para trabajar no eran exactamente de los mejores. Tras su llegada, Wallace descubrió que las "manos experimentadas" con las que contaba para trasladar el equipo por raíles nunca habían trabajado en un ferrocarril. Otros llegaron a Panamá porque estaban fichados en los Estados Unidos. Habían arruinado su reputación, y limitado sus oportunidades profesionales mediante el alcohol y por cambiar de trabajo en trabajo. A los reclutados se les había prometido buen alojamiento, pero sufrían apretados en cuartos sin terminar, con poca comida y un trabajo muy duro.

Wallace en seguida se vio abrumado. Dimitió y fue sustituido por John Frank Stevens, quien llegó en enero de 1905. Stevens se dio cuenta de inmediato de que la infraestructura, los sistemas, tenían que actualizarse en cada área: la vía férrea, alojamiento, saneamiento y equipo. Solo entonces podría reclutar, y conservar, a los miles de trabajadores que hacían falta para realizar el trabajo.

Incluso en este punto, dos años después de que los estadounidenses se hicieran cargo del canal, los planes aún no habían finalizado. Aunque los franceses habían abandonado la ruta a nivel del mar a través del istmo, el sueño de un canal similar al de Suez no había muerto. Cuando llegó Stevens, supuso que construiría un canal sin esclusas. El mayor obstáculo eran las colinas de Culebra. Una propuesta creativa era utilizar unas potentes explosiones de agua, una técnica usada normalmente en la minería hidráulica, para echar las colinas al océano. Otra idea igualmente fantástica era usar aire comprimido para hacer saltar las rocas por los aires, y echar los trozos al mar.

Stevens creó un destacado sistema de trenes que servían de cinta transportadora, llevando tierra y rocas de las excavadoras a vapor hasta las costas o a vertederos. La doble vía hacía que los trenes se movieran constantemente, haciendo que el sistema fuera más eficaz que cualquier otro que se hubiera visto antes. Se tardó un año en construir la infraestructura y las vías. A principios de 1906, Stevens estaba listo para retomar la excavación en Culebra. Habían pasado más de dos años desde que se firmó el tratado, pero Stevens sabía que necesitaba hacer el trabajo duro, ingrato y aparentemente ineficaz de crear mejores sistemas, antes de poder comenzar a excavar de nuevo.

Stevens tenía una visión clara, tanto de la meta como del costo para lograrla. Escribió sus observaciones sobre las nueve millas (quince kilómetros) de excavación en Culebra, el mayor desafío para los ingenieros:

> Sin embargo, debemos reflexionar que en el mejor de los casos, incluso con el respaldo, el sentimiento y las finanzas de la nación más poderosa de la tierra, estamos lidiando con las fuerzas de la naturaleza, y que aunque nuestros deseos y ambición son de gran ayuda en una obra de esta magnitud, ni la inspiración de genios ni nuestro optimismo construirán este canal. Nada excepto una terca determinación y un trabajo firme, persistente e inteligente conseguirán el resultado deseado; y cuando hablamos de cien millones de yardas de un corte que no excede las nueve millas (catorce kilómetros) de longitud, estamos ante una proposición mayor que cualquier otra que se haya llevado a cabo en la historia de la ingeniería en el mundo.[1]

El historiador David McCullough dibujó una imagen de Stevens: "Día tras día caminaba arduamente entre los hombres y las máquinas, haciendo preguntas, observando, fumando cigarros como Grant en la batalla del desierto, como anotó un reportero. Los hombres le llamaban 'Gran Humo'".[2]

Más adelante ese mismo año, Stevens reportó al Congreso que el tiempo para terminar el canal con esclusas se estimaba que sería de nueve años, terminando en 1914. El tiempo necesario para terminar un canal a nivel del mar sería al menos de dieciocho años, no quedando terminado hasta 1924. El voto en el Congreso fue muy ajustado, pero se dieron cuenta de que la velocidad era esencial. Después de todo, sería un canal con esclusas. Terminar el plan había necesitado decenas de detalladas investigaciones, décadas de pruebas y errores, y las mejores mentes en el campo de la ingeniería, pero ahora todos los recursos se podían enfocar en el plan y en la meta.

TU FILTRO

Todos queremos ser lo más objetivos posible al analizar datos y hacer planes, pero deberíamos entender que tenemos filtros: predisposiciones que moldean nuestro pensamiento, destacando o minimizando algunos datos y dando más peso a otros. De Lesseps y muchos de los ingenieros estadounidenses querían desesperadamente excavar un canal como el de Suez: un camino limpio, sencillo, rápido y a nivel del mar entre los océanos. En amplios sondeos y análisis de distintas comisiones, muchos de los ingenieros y líderes políticos seguían inclinándose hacia esta solución, incluso ante la abrumadora evidencia de que no era práctico. Se desperdiciaron millones de dólares mientras se libraba el debate durante décadas. Analizaron las realidades de Panamá usando sus propios filtros distorsionados.

Como líderes, deberíamos entender que nuestros filtros existen. Incluso nuestro mayor compromiso con la objetividad tiene al menos tintes de subjetividad. Estamos influenciados por quién presenta los datos, cómo se presentan y quién en nuestro equipo se sitúa a favor o en contra de la recomendación en base a los datos. Estos factores, y muchos otros, incluyendo nuestros actuales niveles de estrés, dinámicas de equipo, la cantidad de horas que dormimos la noche anterior y cuán rápido queremos tomar la decisión, afectan a cómo interpretamos la información y trazamos planes. Nunca recibimos los datos y el análisis en una burbuja objetiva; siempre tenemos predisposiciones que moldean nuestra receptividad y nuestra capacidad para procesar la información. Si entendemos nuestras existentes inclinaciones, podemos al menos hacer una pregunta o dos para conseguir más información objetiva.

PLANIFICACIÓN Y PREPARACIÓN

> Si una visión no mantiene a un líder despierto por la noche, no es demasiado grande.

Una gran visión por lo general comienza con el líder principal, como el valiente compromiso de Roosevelt a tener éxito donde los franceses habían fracasado. Una visión irresistible, sin embargo, se convierte solo en un inspirador concepto estratégico a menos que el líder involucre a personas competentes en la planificación táctica para que sea una realidad. El líder a menudo tiene una buena idea del qué, pero por lo general no tiene un buen entendimiento de cuándo, dónde, quién, cómo y cuánto. La fase de planificación se debe empujar hasta el nivel donde muchas personas con destreza, apasionadas y creativas dan sus mejores esfuerzos para trazar un plan exhaustivo. Pero incluso entonces, siempre es lo suficientemente flexible como para cambiarlo cuando se presentan nuevos retos y oportunidades. El líder expresa bien la necesidad y la idea general de suplir la necesidad, pero involucra a otros para crear planes para identificar el tamaño y la velocidad, y después para crear los sistemas y estructuras para lograr esas metas.

Los líderes quizá pregunten con demasiada rapidez: "¿Es realista esta gran idea?". Esta pregunta hay que realizarla a nivel táctico. Si se hace demasiado pronto, crea un cortocircuito en el proceso esencial de soñar a lo grande. Por su naturaleza, ¡los grandes sueños no parecen realistas en absoluto! Pero por otro lado, si una visión no mantiene a un líder despierto por la noche, no es demasiado grande. Un sueño debería ser tan desafiante que inflame las pasiones más profundas del líder y demande las mejores ideas.

Un sueño debería ser tan desafiante que inflame las pasiones más profundas del líder y demande las mejores ideas.

Para comenzar el proceso de planificación, escoge cuidadosamente a un equipo de personas sabias, optimistas, experimentadas y creativas. Los miembros deberían tener diversas perspectivas, no tan radicales que sus demandas quemen la casa, pero lo suficientemente distintas como para producir chispas que enciendan las mejores discusiones. Tienen que ser directos con respecto a los obstáculos y también las posibles soluciones. Yo quiero personas que sientan la libertad de hacer agujeros en las ideas de otros, pero que también afirmen buenas ideas cuando otras personas las tengan. También quiero personas que sepan cómo implementar los planes que diseñamos. No pueden ser solo soñadores, sino también tienen que ser hacedores.

Cuando hago consultoría con líderes en el área de la planificación, sugiero los mismos cuatro elementos que uso con mi equipo:

1. En la primera reunión al comienzo del proceso de planificación comparto la gran idea, y les digo que vamos a hacer una lluvia de ideas para comenzar a darle forma. No vamos a tomar decisiones. Invito a los miembros del equipo a participar en el pensamiento creativo: sin límites, nada se queda fuera de la mesa, y no se aceptan críticas a las ideas

locas de otros. En esta reunión, nuestra meta no es trazar los planes. La meta es solo soñar, y soñar grandes sueños.

Muchos líderes sienten la presión de ser "el que decide" demasiado pronto en el proceso, pero su principal tarea no es en absoluto ser quien decide. Su tarea es lanzar una gran visión e invitar al equipo a ser parte de dar forma al sueño casi desde el principio. Cuando los miembros del equipo se encienden, sus contribuciones arderán con ideas creativas, planes claros y un compromiso a seguir con cada detalle.

2. Pocos días después, el equipo se vuelve a reunir. El líder les dice: "Ahora que han tenido algo de tiempo para pensar en la gran idea, ¿qué piensan con respecto a cómo podría suceder esto?".

   En nuestro equipo, aún no tomamos ninguna decisión en esta reunión. Estamos comenzando a echar cemento, pero todavía está bastante mojado. En esta conversación, los asuntos de sostenibilidad y adaptabilidad comienzan a tomar forma.

3. Quizá una semana después tenemos nuestra tercera reunión. En los días entre las reuniones, los miembros del equipo se han reunido informalmente muchas veces para discutir sus ideas y posibles planes. Estas conversaciones laterales estimulan la creatividad, pero también comienzan a moldear planes reales y la coordinación. En la tercera reunión, sin embargo, no estamos planificando aún. Estamos aclarando definiciones, y estamos poniendo límites alrededor de lo que será cumplir la visión, y lo que no será. No establecemos los sistemas y las estructuras exactos; solo nos aseguramos de identificar las necesidades que se deben suplir para llevar a cabo la visión. Sabemos que tendremos que abordar asuntos financieros y técnicos, pero no hemos definido ninguna regla para suplir esas necesidades.

   En la tercera reunión, los líderes no deben tener prisa para idear un plan detallado para presentarle al consejo directivo, los inversores, ni ninguna otra persona. La prisa detiene el proceso de soñar, limita el pensamiento creativo y envía el mensaje equivocado al equipo, de que la verdadera meta es tener un plan final limpiamente copiado y puesto en una carpeta.

4. Las siguientes reuniones del equipo están diseñadas para crear los planes estratégicos y tácticos. En este momento, cada persona del equipo ha aceptado la visión y ha contribuido con la definición de cómo cumplirla beneficiará a la comunidad y a la organización. Ahora es el momento de trazar los planes estratégicos para definir el tamaño y la velocidad, y después ahondar para crear los planes tácticos para definir los detalles de los sistemas y las estructuras.

Este proceso funciona en cualquier organización. Por ejemplo, el propietario de una empresa inmobiliaria podría tener una reunión con el equipo de mercadeo y de ventas para decirles: "He estado pensando. Tenemos una oportunidad de extendernos a una parte del mercado donde no hemos hecho mucho. Quiero tener una serie de reuniones de planificación con ustedes para que me den sus ideas y encontrar un plan que sea factible. Primero, quiero que soñemos juntos. No tenemos que hacer ningún plan ni tomar ninguna decisión en este punto. Dejemos solo que fluya nuestra imaginación. ¿Qué ofrecemos que no tienen las demás compañías?¿ Cómo podemos captar este mercado y realmente marcar una diferencia?". En la primera reunión, están soñando juntos.

En la segunda reunión, unos días después, el propietario va por la mesa y pregunta a cada persona: "¿Qué piensas sobre la gran idea?". Casi siempre, varios miembros del equipo aportarán ideas que el propietario jamás imaginó. Se van de esta reunión con la promesa de regresar para seguir progresando. El equipo se da cuenta de que la idea es demasiado grande como para acelerarla.

Entre las reuniones, los miembros del equipo hablan entre sí para considerar ideas y ver qué piensan los otros. Si la visión es lo suficientemente grande, entienden que todos se beneficiarán: sus clientes, su empresa y ellos mismos.

En la tercera conversación alrededor de la mesa, las ideas comienzan a cuajar aún más. El propietario quizá pregunte: "¿Qué nos hará ser distintos? ¿Qué podemos hacer que nos distinga del resto?". Estas preguntas son similares a las que se hicieron en la primera reunión, pero ahora las respuestas son más afiladas y claras que antes. Gradualmente, el equipo se da cuenta de que sus mejores esfuerzos deberían ir dirigidos al mercado residencial, con hogares entre 300 mil y 700 mil dólares. Ese es el punto óptimo, donde su empresa puede servir mejor a su comunidad.

El siguiente conjunto de reuniones está diseñado para definir el tamaño de los planes, con cuánta rapidez el equipo podría alcanzar su meta, los sistemas internos que hay que actualizar o crear para alcanzarla, las responsabilidades de cada miembro del equipo, y quizá la necesidad de reclutar a varias personas para hacer que todo sea posible. Entonces el equipo puede crear presupuestos y planes de mercadeo, y pueden enseñar a su personal a manejar las llamadas dentro y fuera de los parámetros del enfoque de su mercado. Como siempre, el tamaño y la velocidad están determinados por los sistemas y la estructura.

Incluso si el propietario tuviera en mente ese resultado exacto antes de comenzar la serie de reuniones, el proceso de tormenta de ideas y planificación involucró al equipo, sacó sus mejores ideas, y les dio mucha más motivación para trabajar. Y sus ideas indudablemente afinaron y mejoraron los planes originales del propietario, por muy buenos que estos fueran.

En este proceso, la meta del líder no es formar un consenso en torno a sus propias ideas. En cambio, está explotando la sabiduría de su equipo para producir un plan mucho mejor, y un nivel de pasión mucho más alto para conseguirlo. Se tarda un poco más, pero los beneficios sobrepasan por mucho los escasos costos.

He visto un letargo de equipo, y a veces un daño real a la cultura de la organización, que se produce cuando los líderes no involucran a sus equipos en un proceso creativo. Por ejemplo, un pastor quizá lee un artículo sobre la última gran idea: mini grupos, iglesias multisede, canales de liderazgo, un nuevo tipo de sistema de sonido, o cualquier otra cosa. Él o ella anuncian la nueva iniciativa, y después le dicen a alguien del equipo: "Visita esta iglesia [o lee este libro o ve este video], y haz que esto suceda en nuestra iglesia". Cuando eso sucede, no hay intercambio de visión, no hay participación creativa de todo el equipo, y muy poca respuesta positiva, incluso de la persona a quien se asignó el comienzo. El miembro del equipo solo está siguiendo órdenes.

Los proyectos que se manejan así están muertos antes de empezar. Cualquier líder que quiera tener éxito debería encontrar una manera mejor que esta.

CONTRIBUCIONES ÚNICAS

El proceso creativo de involucrar al equipo a menudo revela que un miembro del equipo es particularmente adecuado para tomar mayor responsabilidad para cumplir la visión, o más probable aún, que todas las personas del equipo pueden desempeñar un papel particular, y particularmente importante. Todos los constructores no son iguales. Las personas que construyen casas no construyen puentes; las personas que construyen puentes no construyen estadios; las personas que construyen estadios no construyen centros comerciales; las personas que construyen centros comerciales no construyen hospitales; y las personas que construyen hospitales no construyen aeropuertos.

Cuando me siento junto a alguien en un avión, casi siempre pregunto: "¿A qué se dedica usted?". Si la persona dice: "Soy constructor", pregunto: "Genial. ¿Qué construye usted?". Si me dice: "Centros comerciales", después le pregunto: "Fantástico. ¿Dónde los construye? Sé que los de las ciudades son muy distintos a los de los suburbios". El constructor a menudo se sorprende de que haya identificado esta distinción, y después recibo un informe detallado de la demografía, tipos de tiendas, especificaciones de estacionamiento y flujo del tráfico de los centros que construye.

Uno de los problemas que me encuentro frecuentemente es que los líderes no han identificado claramente los tipos de constructores que hay en sus equipos. Esperan que todos hagan de todo. Uno o dos puede que estén exactamente en el lugar correcto para prosperar, pero puede que otros sean tacos cuadrados en agujeros redondos. No es culpa de ellos que no encajen. Por lo general intentan hacerlo con todas sus fuerzas. Es tarea del líder evaluar el talento específico de cada persona como constructor, y asignar a los miembros del equipo los papeles donde puedan sobresalir.

Con demasiada frecuencia los líderes en empresas, iglesias y organizaciones no gubernamentales entran en una reunión y anuncian: "Esto es lo que he decidido que vamos a construir", o desde un ángulo espiritual: "Esto es lo que creo que Dios quiere que construyamos". Cuando un líder salta demasiado pronto del sueño al plan, las personas en el equipo no tienen la oportunidad de soñar, y no se sienten afirmados en sus aportaciones únicas como constructores.

PLANIFICACIÓN Y PREPARACIÓN

Es útil distinguir entre planificación y preparación. Planificar es algo concreto; responde al qué, quién, cuándo, dónde, cómo y cuánto. La preparación por lo general es intangible y responde a las preguntas de tipo por qué. Los líderes tienen que perseguir el porqué de cualquier esfuerzo: ¿Por qué necesita la comunidad este proyecto? ¿Por qué sería bueno para nuestra organización y nuestro equipo? ¿Por qué estoy motivado a conseguirlo?

> Planificar es algo concreto; responde al qué, quién, cuándo, dónde, cómo y cuánto. La preparación es intangible y responde a las preguntas de tipo por qué.

Cuando nuestra familia se toma unas vacaciones, el viaje en sí es el qué. El proceso de planificación asegura que llegaremos al aeropuerto a tiempo, tomaremos los mejores vuelos, nos quedaremos en buenos lugares, y tendremos entradas para las cosas que queremos ver. Nos preparamos como familia hablando sobre lo bien que lo pasaremos, por qué estamos animados con el viaje, y los recuerdos que formaremos. En el proceso, la planificación recae sobre cosas más específicas, y la preparación evoluciona a una mayor anticipación. La mayoría de los líderes que conozco son buenos planificando, pero a menudo son deficientes en la preparación: la de ellos mismos, la de sus equipos y la de sus organizaciones.

FRENA Y ESCUCHA

Conozco a muchos líderes que están predispuestos a insistir en sus propias ideas sin involucrar a otros en el proceso de planificación, pero también tengo el privilegio de ver a algunos líderes colaborativos que continuamente inspiran a las personas de sus equipos dedicando tiempo a involucrarlos en cada paso desde la concepción hasta la consecución. Estos líderes se sienten cómodos con la ambigüedad al principio. Saben que llegarán a los detalles lo suficientemente pronto, y si dedican tiempo y piden lo mejor de cada persona, casi con toda certeza que conseguirán un plan excepcional y el compromiso apasionado de sus personas destacadas. Cuando su personal se siente valorado, comparten alegremente ideas innovadoras, sabiduría y experiencia. Para estos líderes, es una inversión de tiempo e incertidumbre inicial que devuelve grandes dividendos.

> Un proceso más largo de planificación requiere un nivel más alto de habilidades de liderazgo.

Un proceso más largo de planificación requiere un nivel más alto de habilidades de liderazgo. Cuando los líderes animan a los miembros del equipo a ser creativos, ¿estarán algunas personas distraídas y aportarán ideas totalmente disparatadas? Por supuesto que sí, pero eso no es un problema. La creatividad siempre produce una buena cantidad de ideas irrelevantes e improductivas, pero también tiene el potencial para generar las mejores ideas. La tarea del líder es emplear toda esa creatividad, celebrarla, pero saber cuándo es el momento de dejar a un lado las ideas más disparatadas para que el equipo pueda enfocarse en los conceptos más prometedores.

El hecho de que el líder anime esta creatividad, no obstante, envía un mensaje. Le dice al equipo que las ideas de cada persona son increíblemente valiosas. Creo que la tensión en el equipo se resolvería en muchos casos si los líderes aprendieran a planificar de esta forma. El amor cubre multitud de pecados, y sentirse valorado cubre toneladas de tensión.

¿A qué es semejante este tipo de liderazgo inspirador? Tiene muchas expresiones. Por ejemplo, cuando un líder está trabajando con una agenda en una reunión de equipo y dice: "Sé que tenemos otras cosas importantes en la lista que cubrir hoy, pero Jane, acabas de decir algo realmente importante. ¿Podrías dedicar unos minutos a desarrollar un poco más ese pensamiento? Creo que esto podría estimular algunas otras ideas que nosotros, o al menos yo, no habíamos pensado antes". Si la idea es importante, el líder puede decir: "Eso es realmente importante, Jane. No tenemos tiempo para profundizar en ello ahora mismo, pero hablemos más de ello en nuestra siguiente reunión. ¿Podrías escribir con más detalle lo que piensas, y enviárnoslo para que podamos hablar de ello en esa reunión?". ¿Cómo crees que Jane se siente en ese momento? ¿Crees que otros intentarán compartir sus mejores ideas con el equipo?

> El amor cubre multitud de pecados, y sentirse valorado cubre toneladas de tensión.

La creatividad raras veces aparece en medio de una agenda meticulosamente controlada. Sucede en los bordes inspirados en los que las personas se sienten libres para compartir sus ideas. En estos momentos de mente abierta, los líderes invitan a las personas a considerar: "¿Qué pasaría si...", "Si tan solo pudiéramos...", "¿Te imaginas...?", y "Sería posible...". Para que se produzca este nivel de inspiración, los líderes deben estar lo suficientemente seguros para valorar las ideas de otros tanto como las propias, tienen que ser lo suficientemente perceptivos para reconocer cuándo vale la pena ajustar la agenda para que haya espacio para la idea de un miembro del equipo, y tienen que ser lo suficientemente sabios para dar la bienvenida a todas las ideas creativas sin perder el control del equipo.

Creo que una buena regla para todas las relaciones importantes (con un cónyuge, hijos, un consejo directivo, amigos o un equipo) es decir regularmente: "Háblame más acerca de eso". Si no estamos diciendo esta frase al menos dos o tres veces por semana, no estamos prestando la suficiente atención a las personas que Dios ha puesto en nuestra vida. Esta simple frase y el tiempo para escuchar solo toma unos minutos, pero puede cambiar radicalmente el tono de una relación, el estado de ánimo de un equipo y la cultura de una organización.

Una de las quejas más comunes que oigo de los líderes experimentados es que están cansados. Se quejan mientras me dicen: "Estoy agotado, drenado, quemado. Todas las buenas ideas de nuestra organización tienen que salir de mí". Se quejan de las personas de su equipo, pero han puesto su dedo en el problema equivocado.

Un poco más adelante, les digo: "Entonces, parece que tienes hacedores en tu mesa, y no pensadores".

Sus ojos se abren, y dicen: "¡Sí, eso es!".

Les pregunto entonces: "¿Cómo crees que ocurrió eso?".

> La creatividad raras veces aparece en medio de una agenda meticulosamente controlada.

En la conversación posterior, les ayudo a darse cuenta de que su personal ha dejado de pensar y de ser creativo porque el líder ha sido quien ha pensado y creado todo durante mucho tiempo. Cuando las personas se unieron al principio al equipo, eran enérgicos e innovadores. Querían contribuir, y estaban emocionados con sus papeles. Durante el transcurso de muchos meses en los que sus ideas no fueron afirmadas (o incluso escuchadas), se convirtieron en robots silenciosos.

Quizá hicieron preguntas que se percibieron como amenazas, o quizá quedaron enterradas en el papeleo de la burocracia sin sentido. Tras un tiempo, llegaron a la conclusión de que lo único que el líder quiere de ellos es que se sienten, tomen notas y sigan las instrucciones. Podrían aún contribuir como buenos pensadores, pero su creatividad no se está cuidando, nutriendo, valorando y usando.

Por lo general, los líderes con los que tengo esta franca conversación se dan cuenta de que ellos han contribuido al problema. De hecho, en cada reunión han reforzado el poder diferencial: el líder tiene todas las ideas, y las personas del equipo son solo herramientas para llevarlas a cabo.

¿Entras a las reuniones creyendo que existe la remota posibilidad de que las personas de tu equipo podrían tener una idea mejor que la tuya? ¿Vas a las reuniones pensando que las personas de tu equipo podrían tener un concepto más claro y mejor del resultado de un proyecto, que el que soñaste que sería posible? ¿Te alegras genuinamente cuando alguien de tu equipo tiene una idea creativa? ¿Son mejorables tú y tus ideas? Estas son las preguntas que no se hacen, y las respuestas positivas son las suposiciones inherentes de los líderes colaborativos.

La mayoría de los líderes que conozco dirían que son colaborativos, pero en las reuniones son conductores y no pasajeros. Entran en cada reunión con un resultado claro en mente, y nada les impedirá lograr su meta. No estoy diciendo que no deberían ser conductores, pues esa es una parte importante de su papel, pero estoy sugiriendo enfáticamente que tienen que sacar tiempo y encontrar formas de ser pasajeros más a menudo.

He descrito cómo pueden ser pasajeros en un proceso de planificación de cuatro partes, pero también tienen que practicar ser pasajeros en cada reunión al menos alguna parte del tiempo. Algunos están tan enfocados en las metas y tienen una personalidad tipo A tan fuerte, que esto puede ser muy difícil. A ellos les diría: Haz de tu meta el verte como un pasajero en partes de cada reunión y todo el tiempo en algunas reuniones. Y practica la frase: "Háblame más acerca de eso" una vez al día, hasta que se convierta en un hábito.

A menudo he entrado a reuniones y he dicho algo como: "Tengo una idea. Creo que es una *buena* idea, pero está lejos de ser una *gran* idea. Necesito su ayuda para ampliarla, darle forma, y que tenga sentido. ¿Pueden ayudarme?". Comparto mi idea, y después me reclino y digo: "Está bien, denme sus ideas en cuanto a cómo podemos mejorarlo". Con mucha frecuencia salgo de esa reunión con algo mucho mejor, y a veces totalmente distinto, que mi idea original.

PLANIFICACIÓN Y CARÁCTER

> Los líderes fuertes y seguros entienden que su principal tarea es proporcionar seguridad para quienes les rodean.

El proceso de análisis, lanzamiento de la visión, planificación estratégica y tareas tácticas no sucede solo en una pizarra blanca con bonitas cajas y líneas. Es un esfuerzo absolutamente humano, y como hemos visto, el principal papel del líder es sacar lo mejor de su equipo para que su creatividad y pasión produzcan no solo un plan brillante, sino también un resultado fenomenal. La atmósfera que el líder crea es el aire que respira el equipo; cuanto más oxígeno de vida, mejor.

Los líderes inseguros sienten la necesidad de tener todas las respuestas, y se sienten amenazados cuando otros no se vuelcan al instante con ellos o tienen mejores respuestas. Pero los líderes fuertes y seguros entienden que su principal tarea es proporcionar seguridad para quienes les rodean. Solo entonces esas personas tendrán la confianza para aportar lo mejor de sí en cada reunión, conversación, proyecto y tarea.

El proceso de planificación comienza cuando se sueña creativamente, pero en algún momento los líderes tienen que mezclar el optimismo visionario con un realismo penetrante. Cuando los líderes se involucran mucho en "charlas felices", sus seguidores quizá se animen al principio, pero en seguida se dan cuenta de que sus líderes no están viviendo en el mundo real. El famoso periodista Edward R. Murrow explicaba que la honestidad es esencial si los líderes quieren mover corazones: "Para ser persuasivos tenemos que ser verosímiles; para ser verosímiles tenemos que ser creíbles; para ser creíbles tenemos que ser veraces".[3]

Persuadir corazones casi siempre requiere más tiempo que dar órdenes y demandar un cumplimiento al instante. Por supuesto, algunos no están dispuestos a ser persuadidos. Tras darles el tiempo suficiente para que muestren lo que verdaderamente piensan, tenemos que soltarlos. Pero la mayoría de las personas quieren subir a bordo de forma genuina. Algunos solo necesitan un poco más de información y persuasión que otros.

Cuando Dwight Eisenhower dirigió a las fuerzas aliadas en la invasión de Europa el Día D, no solo tuvo que tratar con generales como Omar Bradley, que estaba deseoso de seguir órdenes, sino también tuvo que encontrar una forma de dirigir a hombres como George Patton y Bernard Montgomery, que a menudo eran testarudos y rebeldes. Eisenhower después meditaba: "Prefiero intentar persuadir a un hombre para que continúe, porque una vez que le he persuadido, permanecerá. Si le asusto, se quedará solo mientras esté asustado, y después se irá".[4]

LO QUE MIDES

Nuestro personal se da cuenta de lo que valoramos, y siempre encontramos una forma de medir lo que valoramos. En otras palabras, medimos lo que importa. En la planificación, obviamente estamos en el proceso de crear una nueva vara de medir, una con un tamaño ampliado y conseguido a más velocidad. El proceso de establecer esas marcas de referencia toma tiempo, pero una vez que las tenemos, son fáciles de notar y miden claramente nuestro progreso. Pero esas no son las únicas cosas que medimos, porque esas no son las únicas cosas que valoramos.

También dedicamos energía a medir la eficacia de nuestros sistemas y estructuras porque esos son los vehículos que nos llevarán a nuestras metas. Por ejemplo, una de las cosas más importantes para medir en una iglesia, pero a menudo más ignorada, es el porcentaje de asistentes que están activamente involucrados como voluntarios. Pero incluso entonces, nuestro personal está mirándonos para ver si valoramos lo intangible de sus ideas y su pasión. Si nos enfocamos solo en los números, números muy importantes, sin duda, pero números al fin y al cabo, corremos el riesgo de enviar el mensaje equivocado a nuestro personal.

Mira más allá de las cosas obvias que medimos: asistencia, edificios y dinero. Comienza a medir las veces que dices: "Háblame más acerca de eso", las veces que los miembros de tu plantilla están emocionados por compartir nuevas ideas, las ideas disparatadas que estás dispuesto a perseguir en una reunión de equipo, y las risas y lágrimas que son siempre el producto de relaciones auténticas y vulnerables.

El proceso de planificación en el Canal de Panamá tardó años y una cantidad enorme de análisis antes de que John Stevens y su equipo de ingenieros decidieran construir un canal con esclusas, en vez de intentar excavar lo suficiente para una ruta a nivel del mar. Finalmente supieron cuál era el elemento más importante de su plan, pero ahora tenían que construir el canal para que los nuevos barcos de mercancías más grandes pudieran navegar por él. Su trabajo solo estaba empezando.

PIENSA EN ESTO

Medita en estas preguntas y discútelas con tu equipo:

1. ¿Cuáles son algunas maneras en que puedes identificar tus predisposiciones que moldean tu análisis y tus planes? ¿Es incluso importante observarlas? ¿Por qué o por qué no?

2. Al evaluar el proceso de planificación de cuatro partes bosquejado en este capítulo, ¿qué partes ya haces bien? ¿Cuáles necesitas mejorar?

3. ¿Cómo describirías los distintos tipos de "constructores" en tu equipo? ¿Cómo puedes darles tareas que encajen con sus talentos únicos?

4. En algún momento del día, detente en medio de una conversación cuando alguien haya dicho algo importante y di: "Háblame más acerca de eso". ¿Qué diferencia piensas que esta sencilla invitación supondrá en esa persona? ¿Y en tu relación?

5. ¿Qué crees que mides? ¿Qué cree tu personal que mides? ¿Es necesario cambiar algo?

Recuerda: El tamaño y la velocidad de una organización están controlados por sus sistemas y estructuras.

CAPÍTULO 5

¿QUÉ HAY EN TU MALETA?

Corte Culebra

BIBLIOTECA DEL CONGRESO

Si vamos a orillas de un canal de barcos en cualquier puerto importante, y miramos los enormes barcos que hay en los muelles o en el agua, puede que nos veamos tentados a pensar que esta imagen nos enseña cómo se han construido siempre los barcos, pero no es ese el caso. La construcción de barcos es una continua revolución. Los diseñadores siempre intentan construir naves mayores y más rápidas que antes, en tamaño y velocidad. Cuando John Stevens y su equipo de ingenieros comenzaron a diseñar las esclusas para el Canal de Panamá, la construcción de barcos estaba pasando por una rápida transformación. Solo unas décadas antes, la propulsión a vapor se introdujo en los mares, y algunos barcos aún navegaban a vela. Con la llegada del siglo XX, la potencia generada por los motores cada vez más eficientes, generalmente usando carbón y pronto aceite, continuaría para revolucionar las embarcaciones.

Los diseñadores en el Canal sabían que estaban en la corriente activa de la historia marítima, así que tuvieron que anticipar el tamaño de los barcos en el futuro próximo. Mientras trazaban sus planos, tenían que construir esclusas para que cupiesen barcos mayores que los existentes barcos de mercancías, barcos de guerra y barcos de vapor de pasajeros. En una reunión en la Institución de Arquitectos Navales en 1907 se presentó un informe que demostraba que los cargueros habían aumentado su longitud de un promedio de 240 pies (73 metros) en 1870 a 320 pies (97 metros) en 1900. Esto representaba un crecimiento en longitud de un 11 por ciento cada década, y no presentaba síntomas de que fuera a desacelerar.

En 1906 los británicos lanzaron el HMS *Dreadnought*, el barco de guerra más formidable sobre los mares, con 527 pies (160 metros) de longitud y 82 pies (25 metros) de ancho. Los barcos de pasajeros eran incluso más grandes. En 1907 Cunard Line lanzó el RMS *Lusitania*, que fue hundido por un submarino alemán durante la Primera Guerra Mundial con la pérdida de muchos ciudadanos estadounidenses, un factor importante para llevar a América a la guerra. Este barco de vapor medía 790 pies (240 metros) de longitud y 88 pies (27 metros) de ancho.

El tamaño de todos los tipos de barcos estaba aumentando rápidamente, así que los ingenieros tenían que construir el canal para el futuro, no para el pasado ni el presente. Primero dibujaron planos para esclusas de mil pies (300 metros) de longitud y 95 pies (30 metros) de ancho, pero decidieron ensanchar las esclusas hasta los 110 pies (34 metros). Así, estaban seguros de que podrían albergar trasatlánticos en el Canal durante mucho tiempo.

Su pronóstico, no obstante, multiplicaba las dificultades de construcción. Tuvieron que diseñar y construir tres juegos de esclusas en cada lado del canal, y para aumentar la velocidad de viaje diseñaron esclusas dobles en los seis lugares, ya que debería haber dos líneas de tráfico, y no solo una.

Gran parte de la ruta navegable a lo largo de las 50 millas (80 kilómetros) del Canal sería atravesando el lago Gatun, que fue creado conteniendo el río Chagres y controlando la corriente, tanto durante las estaciones secas como las de lluvias. Pero las esclusas en cada extremo tenían que ser estables, seguras y fuertes. Las puertas tendrían un tamaño y un peso colosales. No se podrían anclar en tierra. Dos mil años atrás, los romanos habían inventado y perfeccionado el uso del cemento como material de construcción. En la actualidad, muchas de las estructuras que construyeron con este material atestiguan de su durabilidad. Sin embargo, el cemento no se usaba de forma muy extendida en el oeste incluso a finales del siglo XIX y principios del XX.

Stevens seleccionó a tres ingenieros para supervisar el diseño y la construcción de las esclusas y las entradas: el Teniente Coronel Garry Hodges, Edward Schildhauer y Henry Goldmark. Estos hombres creían que el cemento era la clave para el éxito del canal. Probaron distintas mezclas de arena, cemento y grava hasta que dieron con una fórmula que creían que serviría para cumplir sus propósitos. Los resultados fueron espectaculares. Durante cuatro años, comenzando en agosto de 1909, construyeron formas y mezclaron, y pusieron más de un millón y medio de metros cúbicos de cemento para crear las cámaras que albergarían el agua que sostendría a los barcos en las esclusas.

De todas las maravillas de la ingeniería en el Canal, quizá lo más difícil de concebir y construir fueron las puertas para abrir y cerrar cada extremo de cada conjunto de esclusas. La más grande era de 82 pies (25 metros) de altura y pesaba 662 toneladas. Cada una de ellas tenía que abrirse y cerrarse relativamente rápido con un potente motor eléctrico. Hábilmente ayudado por Schildhauer, Hodges era el responsable de la construcción de las puertas. Algunos dijeron que el Canal sencillamente no se podría haber terminado sin su destreza.

Los ingenieros usaron la potencia del agua para generar electricidad. Fluía a través de túneles gigantes desde el lago hasta los océanos, haciendo girar las aspas de los generadores, produciendo suficiente energía eléctrica para abrir y cerrar las enormes puertas, y proporcionando la electricidad necesaria para la operación.

Stevens y sus ingenieros tuvieron que anticipar al aumento de tamaño de los barcos que usarían el canal en décadas venideras, y los constructores navales de todo el mundo les seguían de cerca. Los límites de tamaño, llamados especificaciones Panamax, se establecieron en la Comisión del Canal de Panamá en 1914, y en seguida los astilleros diseñaron y construyeron barcos que tenían la máxima capacidad para pasar por las esclusas. Estos barcos Panamax podían tener hasta 965 pies (295 metros) de longitud y 106 pies (32 metros) de ancho, dejando solo dos pies, o poco menos de un metro, a cada lado de las esclusas de 110 pies (34 metros) de ancho.

Si los diseñadores hubieran construido el Canal de Panamá para los barcos existentes en ese tiempo, habría quedado obsoleto en pocos años. Pero no lo hicieron; lo diseñaron para el futuro.

ANTICIPACIÓN

> Uno de los rasgos más importantes de los líderes sobresalientes, en todos los niveles de las organizaciones, es la capacidad para anticipar las oportunidades y los retos del futuro.

Uno de los rasgos más importantes de los líderes sobresalientes, en todos los niveles de las organizaciones, es la capacidad para anticipar las oportunidades y los retos del futuro. Más que nunca, este rasgo es esencial hoy en día. ¿Por qué? Porque nuestra sociedad está cambiando a una velocidad alarmante. No siempre ha sido así. El historiador William Manchester observó que durante el milenio de la Edad Media, desde la caída de Roma en el siglo V hasta la Reforma y el surgimiento de los estados nación en el siglo XVI, el progreso cultural fue casi inexistente. Las personas vivían en aldeas aisladas, sin concepto alguno del tiempo: ni siquiera sabían el año en que nacieron, vivieron o murieron. Trabajaban según el interminable ciclo de las estaciones. Manchester explicó su aislamiento:

> No había periódicos ni revistas para informar al pueblo común de los grandes eventos; quizá les llegaban panfletos ocasionales, pero por lo general eran teológicos y, como la Biblia, siempre se publicaban en latín, un lenguaje que ya no entendían... [No esperaban] que debieran informarles sobre los grandes eventos, mucho menos que pudieran tener algo que decir al respecto. Su anonimato llegó a ser casi absoluto. Así lo fue también su muda aceptación del mismo.[1]

A finales del siglo XV la imprenta de Gutenberg trajo consigo un nuevo mundo de alfabetización, y en pocas décadas, muchas personas por toda Europa tenían literatura escrita e impresa en sus propias lenguas. La exploración y el viaje abrieron nuevos horizontes, la comunicación mejoró mucho, y las civilizaciones occidentales tal como las conocemos comenzaron a tomar forma. El siguiente salto hacia delante se produjo en el siglo XVIII con la Revolución Industrial. Nuevas máquinas asombrosas producían bienes y elevaron el nivel de vida para la inmensa mayoría de las personas. La potencia del vapor, impulsado por carbón y aceite, produjo la rápida expansión de las economías, pero las magníficas máquinas de comercio podían convertirse fácilmente en armas de indescriptible matanza. En el siglo XX dos guerras mundiales, una depresión catastrófica y revoluciones políticas en dos de las grandes naciones del mundo condujeron a la muerte de doscientos millones de personas.

> Los líderes necesitan desesperadamente adelantarse a la ola, por el bien de su propia cordura para no abrumarse, así como para el futuro de sus organizaciones.

Al final de la Segunda Guerra Mundial se inventó una novata versión de la computadora moderna, y el mundo no ha mirado hacia atrás desde entonces. El poder de las computadoras ha hecho de la era de la información una realidad que ha alterado la vida de casi todas las personas del planeta. Los teléfonos que llevamos en nuestro bolsillo tienen muchísima más capacidad que la computadora que iba a bordo de la nave espacial que aterrizó en la luna en julio de 1969. Las computadoras han cambiado nuestra forma de trabajar, cómo nos comunicamos, cómo nos entretenemos, cómo compramos, y ahora, incluso la forma en que viajamos en nuestros automóviles. Y todo esto ha ocurrido en un relativo abrir y cerrar del ojo histórico.

El cambio cultural, sin embargo, no está limitado a la tecnología. Los rápidos y extensos avances están cambiando prácticamente cada parte de nuestras vidas. Los avances han hecho que la información sea más accesible y cómoda, pero algunos ven peligros ocultos. En su inspirador libro *Margin*, el Dr. Richard Swenson observó:

> Los futuros libros de historia tendrán que usar un vocabulario distinto para describir el fenómeno contemporáneo, y destacadas entre estas palabras estarán "exponencial", "límites", "umbrales" y "sobrecarga"... Vida, cambio, historia, todo se está desplegando exponencialmente... Muchas personas, sin embargo, están atrapadas en un paradigma lineal, una mentalidad que solo puede ver hacia

> delante. Aunque entienden los cambios cualitativos, no han comprendido la naturaleza cuantitativa del "shock futuro".[2]

Los líderes necesitan desesperadamente adelantarse a la ola, por el bien de su propia cordura para no abrumarse, así como para el futuro de sus organizaciones. Los que están prestando atención preguntan: "¿Hacia dónde va esto a tanta velocidad?". "¿Cómo afecta esto a nuestra organización?". "¿Cómo tenemos que recrear nuestros sistemas y estructuras para prepararnos para lo que viene?" y "¿Qué tenemos que hacer para adelantarnos a todo esto?".

Podemos cultivar la capacidad de anticipar las necesidades del futuro. Los líderes tienen que mirar al futuro para reconocer las tendencias en demografía, intereses, y receptividad a su mensaje y sus productos. Por ejemplo, en un artículo en el *Atlantic*, Robert P. Jones repasaba la creciente brecha en el interés espiritual entre los estadounidenses mayores y los jóvenes. Entre los *Boomers* de 65 años en adelante, solo el 11 por ciento afirma "no tener afiliación religiosa", comúnmente conocido como "nones". Pero para los jóvenes adultos entre 18 y 29 años, los nones representan el 34 por ciento. Jones concluyó: "En 2051, si continúan las tendencias actuales, los estadounidenses no afiliados religiosamente podrían componer un porcentaje tan grande como la población protestante, lo cual habría sido impensable hace tan solo unas décadas".[3]

Jones y otros comentaristas afirman que la Iglesia está perdiendo a una generación de jóvenes. ¿Por qué está ocurriendo esto? En una cultura muy cambiante y conectada, la Iglesia se percibe como fuera de sintonía de los asuntos importantes para los mileniales, como inmigración, justicia social, oportunidad económica, cuidado de la salud y los derechos de aquellos a los que la Iglesia tradicionalmente ha considerado inadaptados y marginados, los tipos de causas por las que la Iglesia abogó y defendió durante dos mil años.

El mundo empresarial debe anticipar las necesidades y adelantarse a la cambiante demanda de productos y servicios; la Iglesia debe anticipar las expectativas intangibles sociales y espirituales de las personas, especialmente de los jóvenes, en nuestra cultura.

Tengo un cuadro de una jirafa en mi oficina. Me recuerda que esta maravillosa criatura ve más distancia en la sabana africana que cualquier otro animal terrestre. No es la más hermosa, y no es la más elegante. Tiene una fuente de alimento limitada, y puede subsistir solo en cierto tipo de geografía. Para ser sincero, la jirafa parece que salió de un libro del Dr. Seuss. Desde la distancia, puede ver a los leones hambrientos acechando entre la hierba alta o a los leopardos en los árboles, y puede otear balsas de agua y árboles llenos de hojas nutritivas. Todos los grandes líderes ven *más a distancia* que otros, y ven los retos y las oportunidades *antes* que otros. Yo quiero ser ese tipo de líder.

Todos los grandes líderes ven *más a distancia* que otros, y ven los retos y las oportunidades *antes* que otros.

Cuando escucho a los líderes y sus equipos resistirse a nuevas ideas porque "nunca lo hemos hecho así antes", sé que están atascados en el pasado; son topos y no jirafas. Si les oigo quejarse por todas las limitaciones de personal, espacio, dinero y tiempo, sé que están paralizados en el presente; que son tortugas y no jirafas.

Tenemos que echar un vistazo serio y prolongado a nuestras suposiciones sobre las personas a quienes intentamos alcanzar, ya sea en la empresa, la Iglesia o la organización sin fines de lucro. Nuestras suposiciones ¿están anticuadas o actualizadas? ¿Encaja nuestro lenguaje en la jerga actual sin ser demasiado modernos? ¿Nuestros planes son flexibles y ágiles? ¿Atraen nuestros productos y mensajes a cierta parte de la audiencia, pero repelen a otros, o les dejan desinteresados? Los que dirigen empresas como Apple y Amazon son jirafas. De forma similar, algunas iglesias han redescubierto el corazón del evangelio, el poder de la misión y la capacidad de conectar estas cosas con una audiencia más amplia. Los líderes de estas iglesias también son jirafas.

ECHA UN VISTAZO A TU MALETA

Voy a usar una metáfora distinta para aclarar un punto similar. Cuando preparo mi maleta para un viaje, miro el parte meteorológico de mi destino. Si voy a Chicago en enero, empaco cosas muy diferentes que si voy a San Antonio en agosto. Alguien que abra mi maleta podría no saber mi destino exacto, pero el contenido dejaría claro las condiciones climatológicas que anticipo tener.

Si desempaco tu maleta organizacional, ¿qué encontraría? ¿Está empacada para como ha estado tu organización desde el siglo XIX, está empacada para donde estás hoy, o está empacada para tu futuro?

En cualquier maleta encontramos las habilidades y la visión de nuestro equipo de liderazgo. Ahondamos en ella y sacamos los sistemas. ¿Son los que nos han traído hasta aquí y no nos pueden llevar más lejos, o son sistemas que pueden llevarnos al siguiente nivel de crecimiento? En tu comunicación, ¿cuánto tiempo se emplea analizando el pasado? ¿Cuánto se emplea enfocándose en el presente? ¿Y cuánto tiempo se dedica a anticipar el futuro? En la iglesia tenemos una rica y argumentada historia que queremos atesorar, pero no queremos quedarnos cautivos de nuestra historia. La razón por la que es rica y contada, es que hombres y mujeres valientes se asomaron al futuro y tomaron decisiones drásticas que cambiaron el mundo.

Veo a demasiados líderes que ni siquiera consideran el parte meteorológico de su destino. Están demasiado ocupados haciendo que sus sistemas y estructuras actuales funcionen, y no pueden pensar en el futuro más allá de las semanas y meses inmediatos. El análisis cultural y el potencial para un cambio de envergadura a fin de cautivar los corazones de su audiencia ni siquiera se les ocurre.

FUTURISTA

Todos estamos bajo el mismo cielo, pero nuestros horizontes son distintos. Algunos ven un kilómetro, pero otros ven diez kilómetros. Me doy cuenta de que algunos líderes, especialmente muchos pastores, están hechos para ser *ayudadores*. Son tiernos y compasivos, supliendo las necesidades de personas heridas cada día. Otros líderes son *futurólogos*, escaneando el horizonte como jirafas para ver si hay leones que evitar o deliciosas hojas que comer. Ambos tipos de líderes pueden usar sus fortalezas existentes, y ambos pueden desarrollar nuevas destrezas.

Los líderes compasivos pueden aprender a estirar el cuello para ver más distancia en el futuro, a fin de dirigir su compasión de forma incluso más eficaz. Los ayudadores pueden desarrollar la habilidad de ver a dos kilómetros de distancia en el futuro, pero los futurólogos ven cinco kilómetros, más allá del horizonte y de la visión del antílope y otros animales terrestres. Y los futurólogos pueden aprender a alentar a sus jóvenes en las direcciones correctas, para que no les coman y encuentren alimento.

Ya seas ayudador o futurólogo, recomiendo que cada líder forme un "equipo futurista": un grupo diverso de hombres y mujeres con la tarea de anticipar las demografías del futuro. ¿Cómo será el sistema escolar? ¿Dónde está habiendo crecimiento económico, y dónde se estancará? ¿Qué grupos étnicos se están asentando, y cuáles están saliendo? ¿Dónde piensan extenderse los ejecutivos de los restaurantes de comida rápida? ¿Qué partes de la comunidad tendrán predominantemente personas más ancianas? ¿Qué partes atraerán a las personas jóvenes? Los vecindarios céntricos son muy distintos de los suburbios. ¿Cuáles se prevé que crecerán?

Algunas personas del equipo futurista quizá tengan una idea más clara del futuro que tú. Algunos pastores de jóvenes están mucho más sintonizados con la cultura cambiante porque están vitalmente conectados con los niños, voluntarios y padres jóvenes, a la vanguardia de la comunicación, los valores y las expectativas de la sociedad. Además, el pastor de jóvenes no tiene impedimentos para usar la última tecnología. Ese es su mundo, así que está encima de él.

Los líderes de grandes organizaciones tienen que incluir dos tipos de personas en el proceso de planificación: los líderes de divisiones especializadas (en iglesias, estudiantes, niños, alabanza, mini grupos, etc.; y en empresas, mercadeo, distribución, TI, producción, etc.), y las personas más perspicaces que estén en contacto con la cultura. En pequeñas organizaciones, los líderes pueden invitar a empleados particularmente astutos o a los voluntarios más brillantes.

El líder principal es alguien global y generalista. Quienes están en el equipo futurista son por lo general especialistas que tienen un reconocido interés en ser jirafas para anticipar las necesidades del futuro. Podemos acudir a este equipo cuando queramos ideas útiles e innovadoras. Los miembros del equipo pueden decirnos qué necesidades sacar de nuestra maleta porque esas cosas ya no serán útiles en nuestro futuro.

Como parte de la planificación del futuro, puede que sea necesario un cambio de imagen. Por ejemplo, una famosa cadena de comida rápida de pollo frito ha cambiado su nombre para eliminar "frito" porque la palabra tiene una connotación negativa en nuestra sociedad cada vez más consciente de la salud. Todas las organizaciones tienen que ver cómo perciben su marca aquellos a quienes esperan alcanzar en el futuro.

La pregunta que hacemos a cada persona en el equipo futurista es: "Si tuviéramos que empacar nuestra maleta hoy para estar listos para mañana, ¿qué tendríamos que sacar y qué tendríamos que incluir?". Los líderes futurólogos instintivamente hacen esta pregunta, y los líderes ayudadores pueden aprender a hacerla.

SIN LIMITACIONES

Estoy seguro de que los perfiles de personalidad e inventarios de dones espirituales han ayudado a innumerables personas a entenderse a sí mismos y encontrar dónde encajan bien en su organización, pero en equilibrio, temo que hagan tanto mal como bien. Cuando definimos la personalidad o los talentos de alguien, a menudo les limitamos a actuar y servir de una forma estrecha y restringida.

Si usas estas herramientas para ti mismo y para otros, asegúrate de evitar las limitaciones. Al margen de cuál sea tu evaluación de personalidad y tu mezcla de dones, no te metas en un molde. Dios puede usarte de formas que van más allá de cualquier limitación natural. Y no uses estos instrumentos como excusas para el letargo.

Dios nos ha hecho maravillosamente complejos, y nuestras vidas son dinámicas, podemos crecer y cambiar de maneras destacadas, si estamos abiertos. He visto a hombres y mujeres que inicialmente no se sintieron entendidos y animados cuando hicieron estos inventarios, pero cuando les llegaron las oportunidades meses después, se descalificaron a sí mismos porque dijeron: "Esto no encaja con quien yo soy". No somos estáticos; somos maravillosamente dinámicos y estamos conectados al Espíritu infinitamente creativo y poderoso, quien está lleno de posibilidades. Los inventarios son instantáneas, no películas de nuestras vidas. Las herramientas pueden reflejar con precisión quién somos en un momento concreto, pero no sirven necesariamente para saber dónde querría llevarnos Dios en el futuro.

Si eres un líder ayudador, invita a tu equipo futurista a aportar una visión nueva del futuro para que puedas invertir tu compasión mejor y más ampliamente. Tu trabajo es valorarlos, celebrar sus opiniones e involucrarlos en el plan para sacar partido a su trabajo. Si eres un líder futurólogo, libera a los líderes especializados de tu equipo para que te den un pozo de detalles sobre lo que ven en la distancia. Tu trabajo es incluir sus detalles en tu gran visión del futuro, e invitarlos a ayudarte a diseñar un gran plan para suplir las necesidades que tu equipo y tú han identificado.

Creo que el equipo futurista tiene que juntarse al menos una vez al año para una serie de reuniones, y estas reuniones deberían concluir un mes antes del retiro anual de liderazgo donde harán su presentación. Antes de que comience la serie, los miembros del equipo buscan las últimas tendencias, y se reúnen para dar su visión de jirafa de lo que ven a lo lejos. No tienen que anticipar lo que podría pasar dentro de diez años, o incluso cinco años. Tres años es la máxima anticipación que podemos esperar tener con algún grado de precisión. Un plan a tres años es legítimo; más allá de eso es pura especulación.

En esta serie de reuniones, el equipo puede usar el proceso de planificación de cuatro partes (descrito en el capítulo 4). En las dos primeras reuniones no toman ninguna decisión. Hablan; sueñan; se imaginan lo que sería. Solo después de haber definido las oportunidades y los retos pueden comenzar a trazar claramente planes concretos. Al final del proceso de planificación, hacen una presentación, quizá para los líderes de la organización en el retiro anual o en otra reunión significativa.

El cambio se produce mucho más rápido en algunos campos que en otros. Por ejemplo, en educación el cambio se produce lentamente, pero en TI sucede a la velocidad de la luz. Sigo recomendando reuniones futuristas anuales para los líderes en educación, pero la comunicación y la tecnología quizá tengan avances drásticos cada día. Recomiendo reuniones futuristas al menos dos veces al año, y quizá cuatro veces al año, para el sector tecnológico. Al margen de cuál sea el horizonte de tiempo para un campo, cada uno tiene que anticipar los problemas. Estos problemas, bien anticipados, se convierten en amplias puertas de oportunidad para la organización. Todo pastor exitoso inicialmente vio necesidades no satisfechas, y se lanzó para suplir esas necesidades. Todo emprendedor identificó problemas y creó sistemas para hacer frente a los retos. Los problemas no son el problema; son señales para prestar atención y crear soluciones creativas.

Los problemas no son el problema; son señales para prestar atención y crear soluciones creativas.

Otra forma de mirar el asunto de la anticipación es preguntar: "¿Qué ocurrirá si no hacemos nada, y seguimos haciendo lo que estamos haciendo ahora mismo?". Quizá esta no haya sido una pregunta penetrante en la Edad Media, cuando el cambio sucedía de forma tan lenta que era imperceptible, pero los líderes de hoy deben aprender a preguntar eso a menudo. Si empacamos nuestra maleta para donde hemos estado o para donde estamos, casi con toda certeza no estaremos preparados para los fríos vientos y cielos soleados del futuro.

DESEMPACAR Y EMPACAR

Los líderes que están demasiado unidos al pasado pasan mucho tiempo avisando a las personas acerca de las amenazas de la cultura y los peligros del cambio en la organización. Son defensivos y reaccionarios. Los que están enfocados en el presente se conforman con el status quo y les emociona el crecimiento gradual. Pero los que están comprometidos con el futuro analizan lo que *será* y sueñan con lo que *podrían ser* sus organizaciones. No comienzan con un plan; comienzan con un despiadado análisis de los retos del futuro, lo cual genera pasión y ve problemas anticipados como oportunidades de oro.

Parte del proceso de desempacar, entonces, es ser sincero con respecto a la posibilidad de que la cultura que hemos creado con gran cuidado durante muchos años, esté enfocada en el pasado o el presente más que en el futuro. No solo podemos decir a las personas que estamos implementando una nueva visión radical que lo cambiará todo. Debemos impartir esa visión con paciencia, persistencia, energía y emoción. Ellos toman sus pistas de nosotros: si no nos estamos desangrando para que la visión se convierta en realidad, ellos no sangrarán.

Cuando leemos los periódicos, artículos y libros, puede que lleguemos a la conclusión de que nuestras organizaciones deben ser tan complejas como nuestra cultura. Pero las personas buscan claridad, no complejidad. Debemos tener una visión muy clara con un enfoque singular. Sí, las organizaciones que crecen son necesariamente complejas en sus sistemas y estructuras, pero estos siempre deberían ser siervos de la visión propulsora, la cual debe permanecer clara y atractiva. Al margen de lo que crezcamos, y al margen de cuán complicados puedan llegar a ser nuestros sistemas de comunicación, nuestro mensaje para las personas en nuestras comunidades debe ser lo suficientemente claro para que atrape sus corazones.

La selección, colocación y desarrollo de nuestra plantilla deberíamos realizarla con un ojo en el futuro. Demasiados líderes escogen a su personal para llenar huecos para suplir necesidades inmediatas. Esto es tener la vista corta. En cambio, tenemos que dirigir un riguroso proceso para encontrar personas que suplirán las necesidades en el futuro. Las personas correctas no estarán satisfechas con el presente. Tendrán un impulso que les propulsará para lograr mucho más que un progreso gradual. Al seleccionar, no solamente miramos el historial y las credenciales. Damos más valor a las ideas, visión, madurez y pasión, y en nuestro entrenamiento y desarrollo siempre estamos llenando la maleta de cada persona de información, habilidades y conexiones para prepararles para los retos mayores que enfrentarán.

Uno de los pasos más importantes que un líder puede dar es desempacar y volver a empacar el consejo directivo de la organización. A veces esto significa desempacar a algunas personas y reemplazarlas por otras que tienen una visión más amplia, reemplazar topos y tortugas por jirafas, pero la mayoría del tiempo, el líder simplemente aplica las estrategias de desarrollo de plantilla a las personas del consejo directivo. En muchos casos, su enfoque y rango cambian de ser supervisión financiera a ser socios participativos completos en el futuro dinámico de la organización. Pide a los miembros del consejo directivo que analicen las tendencias emergentes de la demografía de la comunidad y la cultura. Cultiva en ellos la habilidad de empacar para el futuro.

Una parte importante de comunicarnos con la audiencia del futuro es observar bien nuestras palabras. ¿Estamos hablando el lenguaje de las personas que queremos alcanzar, o estamos usando palabras "de los de adentro"?

Las empresas por lo general hacen un trabajo excelente al adaptar su lenguaje al de sus clientes, pero los líderes eclesiales tienen que preguntarse: ¿Quién es nuestra audiencia? ¿Trazamos nuestra imagen, nuestro entorno y nuestro mensaje para que las personas no religiosas se sientan al menos relativamente cómodas cuando entran por las puertas de nuestras iglesias? Muchos hemos vivido en la subcultura cristiana durante tanto tiempo que no sabemos cómo hablar el idioma de las personas que raras veces entran por nuestras puertas.

Cuando mi esposa y yo hacemos las maletas para un viaje al extranjero, realizamos un proceso deliberado para asegurarnos de tener todo lo necesario. (Su proceso es mucho más largo que el mío, pero no tengo que explicar eso.) Del mismo modo, desempacar y empacar la maleta de una organización no se puede hacer con prisa, o de lo contrario dejaremos fuera algunas cosas que son vitales para el viaje hacia el futuro. En este caso, la velocidad está sobrevalorada. Perspicacia, cuidado y paciencia llenarán nuestra maleta con las cosas correctas para que estemos totalmente preparados.

Si no estamos preparados, podemos salirnos de la carretera o detenernos de repente. Por muy bien que anticipemos el futuro, siempre nos encontraremos con lo desconocido. Cuenta con ello, está garantizado. Los líderes frágiles no lo conseguirán, y los líderes solitarios no llegarán muy lejos. Tenemos que desarrollar nuestros músculos espirituales, emocionales y relacionales para ser fuertes cuando nos veamos ante la inevitable adversidad.

¿Crees que Dios tiene cosas mayores preparadas para ti en el futuro? Por supuesto que lo crees, o de lo contrario no serías un líder. Muchos de nosotros, sin embargo, nos sentimos atascados y frustrados. La buena noticia es que no tenemos que seguir atascados por más tiempo. Podemos aprender a anticipar el futuro, y estar preparados para cuando llegue.

En su ejercicio como primer ingeniero jefe para el esfuerzo estadounidense de excavar el Canal de Panamá, John Wallace se sintió paralizado por los retrasos del Congreso, los kilómetros de burocracia para conseguir los materiales, y la presión para progresar a pesar de su falta de recursos. Se quejó de que "el sistema iba a menos" y de la insistencia en "hacer que la tierra vuele" sin un plan adecuado y exhaustivo.[4] No pudo soportarlo, así que dimitió y abandonó Panamá.

Cuando John Stevens se hizo cargo, ejemplificó las dos metáforas de este capítulo. Primero, se dio cuenta de que su maleta no estaba llena de los sistemas y la estructura necesarios para terminar la tarea. Tuvo una visión de jirafa del futuro cumplimiento del proyecto, así que empacó cuidadosamente su maleta organizacional con todo lo que necesitaría para llegar allí. Tuvo que pasar tiempo desempacando y volviendo a empacar sus sistemas y estructuras. Cambió planes para construir esclusas en vez de ir en pos de un plan a nivel del mar, y entonces sus ingenieros diseñaron esclusas y puertas para los barcos del futuro. Él fue, al menos durante un tiempo, un líder brillante que hizo la maleta pensando en el futuro.

¿Eres tú una jirafa?

¿Qué hay en tu maleta?

PIENSA EN ESTO

Medita en estas preguntas y discútelas con tu equipo:

1. ¿Cuáles son algunas ventajas que tienen las jirafas sobre otros animales? ¿Cuáles son algunas de las razones por las que los grandes líderes deben ser jirafas?

2. ¿Eres un ayudador o un futurólogo? Explica tu respuesta. ¿Qué tipo de líder dirían los miembros de tu plantilla o voluntarios clave que eres?

3. ¿Cómo te ayudaría un equipo futurista? ¿Quién estaría en él? ¿Cómo funcionaría?

4. ¿Está provista tu organización de personal para el pasado, el presente o el futuro? Explica tu respuesta.

5. ¿Qué hay en tu maleta? ¿Qué debe haber en tu maleta para llevar a tu organización a donde crees que tiene que estar?

6. ¿Qué proceso realizarás para desempacar y volver a empacar?

Recuerda: El tamaño y la velocidad de una organización están controlados por sus sistemas y estructuras.

CAPÍTULO 6

NO TE ESPERABAS ESTO, ¿VERDAD?

En innumerables puntos de la historia de la construcción del Canal de Panamá, el optimismo se vio hecho añicos por las crudas realidades. Los franceses tenían una confianza plena en que el héroe de Suez, Ferdinand De Lesseps, podría construir una canal similar a través del istmo en menos tiempo, y con menos costo que en Suez. De hecho, los oficiales vieron el proyecto como una oportunidad de inversión más que como un difícil logro de ingeniería. En un congreso en París en 1879, solo 42 de los 136 delegados eran ingenieros. El resto eran políticos, especuladores y personas que tenían una fe ciega en De Lesseps. El costo original estimado para el proyecto era de 214 millones de dólares, pero el arrogante De Lesseps y sus ingenieros rebajaron el cálculo varias veces hasta casi la mitad de esa cantidad. Creían que tardarían solo seis años en terminar el canal, menos tiempo del que tardaron en excavar la arena del desierto de Suez.

Exterminador de mosquitos

BIBLIOTECA DEL CONGRESO

Cuando comenzó la construcción en 1881, los hombres se encontraron con aludes de tierra casi continuos que enterraban a hombres y máquinas, lluvias torrenciales, un río embravecido, equipos oxidados y un calor sofocante en la jungla de América Central. Pero estas dificultades no se comparaban con la plaga de enfermedades y muerte por malaria y fiebre amarilla. Como hemos visto, murieron más de veintidós mil personas, incluidos cinco mil ingenieros franceses y miembros de sus familias.

Tras ocho largos y frustrantes años, los franceses habían gastado más de su presupuesto original, pero habían terminado solo un 40 por ciento del trabajo. A la bancarrota le siguió el escándalo. Las altivas expectativas de los franceses se hicieron pedazos. Nadie había anticipado el tamaño y rango de las dificultades que enfrentaban en Panamá.

Cuando Roosevelt renovó la visión para el canal, se encontró con la oposición de los colombianos, quienes, no es de extrañar, querían mantener el control de su propia tierra. Para resolver este molesto problema diplomático, Roosevelt instigó una revolución. Panamá se convirtió en una nación soberana y firmó un tratado concediendo a los Estados Unidos derechos sobre la Zona del Canal. Para los Estados Unidos, las cosas parecían encajar muy fácilmente.

Al comenzar la obra en la Zona del Canal, los ingenieros se encontraron con unos abrumadores problemas de logística, pero los problemas de ingeniería no fueron lo único que los ingenieros y los trabajadores sufrieron en Panamá. La enfermedad azotaba a cada persona cada día. Los estadounidenses eran muy conscientes de las muertes sufridas durante el esfuerzo francés, y en los primeros años de la supervisión americana, parecía que experimentarían la misma suerte. Las condiciones de vida eran deplorables. Miles de trabajadores vivían en cabañas maltrechas sobre soportes encima de ciénagas cubiertas de verde cochambre, sin construcciones para aguas residuales salvo el agua que tenían debajo. El hedor era penetrante, y el agua aportaba las condiciones perfectas para la crianza de insectos de todo tipo.

Roosevelt en seguida se dio cuenta de que las condiciones sanitarias en el canal eran de vital importancia. Hombres con fiebre o en ataúdes no podían realizar grandes logros de ingeniería. Un doctor en el Johns Hopkins recomendó a un médico que servía en el ejército, el coronel William Crawford Gorgas. Pocos años antes, un doctor inglés en India descubrió que la malaria no estaba causada por los "vapores", como muchos creían. Su investigación sobre el mosquito *Anopheles* demostraba la conexión directa entre el insecto, específicamente el insecto hembra, y las personas que contraían la enfermedad. Se descubrió que otra especie de mosquito, *Stegomyia fasciata,* transmitía la fiebre amarilla. Con esta información, Gorgas inauguró un gran programa de fumigación en La Habana en 1901, eliminando prácticamente tanto la malaria como la fiebre amarilla.

Cuando Gorgas llegó a la Zona del Canal en junio de 1904, rápidamente se dio cuenta de que los mosquitos que transmitían la fiebre amarilla se reproducían en aguas estancadas generalmente creadas por personas donde trabajaban o vivían, pero los insectos que causaban la malaria estaban en todas partes del istmo, entornos hechos por el hombre o entornos naturales, en cantidades enormes. Gorgas explicó a su equipo que la malaria era su principal objetivo, pero ambas enfermedades demostraron ser virulentas. Gorgas planificó fumigar a una escala nunca antes concebida. Cada pantano, cada bolsa de agua estancada, y cada zanja tenían que ser rociada regularmente para matar a los mosquitos, y sus huevos y larvas.

Al año siguiente, pidió al Congreso la astronómica suma de un millón de dólares para el equipo y la mano de obra para cubrir casi 500 millas cuadradas (1.300 kilómetros cuadrados) de jungla y pantano. Algunos legisladores se negaron a la petición, pero el médico personal de Roosevelt le dijo: "Estás ante una de las mayores decisiones de tu carrera. Si regresas a los métodos antiguos, fracasarás, tal como fracasaron los franceses. Si respaldas a Gorgas, tendrás tu canal".[1]

En 1906, más del 85 por ciento de los trabajadores habían sido hospitalizados en algún momento. El auditor de John Wallace murió de fiebre amarilla, y Wallace estaba tan seguro de que moriría que tenía su ataúd hecho y preparado para su defunción. Las personas se asustaron tanto que tres cuartas partes de los estadounidenses que estaban en la Zona del Canal huyeron durante "El Gran Susto". El temor no se calmó cuando se informó que un hombre había muerto por una plaga bubónica. Gorgas entonces añadió atrapar ratas a sus esfuerzos para fumigar muchos kilómetros cuadrados de barriadas pobres, junglas y ciudades.

Sin embargo, los esfuerzos de Gorgas comenzaron a aportar resultados prometedores. En agosto de 1906 el número mensual de pacientes de fiebre amarilla se redujo a la mitad, y en septiembre solo aparecieron siete nuevos casos en los hospitales. El 11 de noviembre murió la última víctima de fiebre amarilla en la Zona del Canal. La malaria fue más difícil de controlar, pero en 1910 los índices de muerte por esta enfermedad descendieron a menos del 1 por ciento.

Los métodos del Dr. Gorgas de control de enfermedades causadas por insectos demostraron ser un avance monumental para la población del mundo, quizá más importante que terminar el canal. El Canal de Panamá ahorró dinero en transporte, pero el nuevo método de fumigación salvó miles de vidas. Roosevelt y Gorgas habían hecho frente a la mayor amenaza para su obra en forma de insectos diminutos, pero letales, y encontraron una manera de cumplir su misión.

NO TAN INSIGNIFICANTE

Cuando los estadounidenses llegaron a la Zona del Canal, vieron cicatrices enormes en la tierra en Culebra donde los franceses habían trabajado tan duro para deshacerse de una ladera. También vieron casi 50 millas (80 kilómetros) de jungla limpia. El progreso francés había tomado un esfuerzo monumental, pero los estadounidenses también entendieron que miles de personas habían muerto de temidas enfermedades. Recientemente habían descubierto que la causa de esas enfermedades era insectos que pesaban solo unos 2,5 miligramos, o 0,000088 onzas. Los mosquitos parecían muy pequeños, pero un picotazo podía ser cuestión de vida o muerte. Cuando estuve en Nigeria hace unos años, una persona sabia me dijo: "Quien se haya burlado del tamaño de un mosquito nunca ha intentado dormir con un solo mosquito dentro de un mosquitero".

Los líderes también tienen problemas con los mosquitos. Hacemos frente a "picaduras" de reveses y oposición aparentemente insignificantes que pueden convertir un entorno saludable en uno enfermo. En cada organización, los "mosquitos" son más que molestos; crean temor y desconfianza, distraen a las personas de sus tareas, y pueden echar a perder todo el esfuerzo. En el Canal, los insectos, las enfermedades contagiosas o el temor a enfermarse o morir, afectaron a todas las personas, desde los trabajadores más bajos al ingeniero jefe, así como a sus familias. En nuestras empresas, iglesias y organizaciones sin fines de lucro afectan a cada persona que forma parte del organigrama organizacional, y a las personas en casa que intentan ayudarles con el estrés. Nadie es inmune.

Las organizaciones mundiales de la salud reportan que los mosquitos causan más enfermedad y muerte en el planeta que cualquier otra peste. Estos diminutos demonios no solo esparcen la malaria y la fiebre amarilla, sino también el Zika, el virus del Nilo occidental, la fiebre chikungunya, el dengue, filariasis, y varias formas de encefalitis. Cada año, casi setecientos millones de personas contraen alguna enfermedad causada por los mosquitos, lo cual da como resultado más de un millón de muertes.

¿Cuáles son los mosquitos en nuestras organizaciones? Entendido de forma sencilla, los mosquitos son las malas actitudes, y los portadores son quienes están infectados con estas actitudes y las difunden. Tenemos que hacer un análisis exhaustivo parecido al que realizó el Dr. Gorgas. Quizá hayamos supuesto que nuestros problemas organizacionales vienen de los vapores del aire, pero en realidad los mosquitos han picado e infectado a personas que entonces se han convertido en portadores, y tienen el potencial de infectar incluso a más personas.

Las picaduras individuales quizá no parezcan peligrosas en modo alguno. De hecho, son casi imperceptibles. Si miramos con atención, no obstante, podemos ver el daño. Cada picadura puede infectar a nuestros empleados, plantilla y voluntarios con una actitud negativa contagiosa que sale a la superficie de innumerables formas. Voy a enumerar algunos de los mosquitos más frecuentes que he visto en las organizaciones:

- Conducta pasivo-agresiva
- Conflicto o rencor sin resolver
- Murmuración y alianzas secretas
- Mala comunicación que produce malentendido crónico
- Falta de responsabilidad
- No cumplir las fechas límite
- Resistencia del tipo "sí, pero"
- Rehusar ser sincero durante una reunión, pero después criticar las decisiones en reuniones privadas
- Ser un sábelotodo
- Insistir: "Es culpa tuya, no mía"

- Celos: "Quiero el estatus que tú tienes"
- Envidia: "Quiero las cosas que tú tienes"
- Competencia insana
- Y muchos otros

La naturaleza de la enfermedad infecciosa es que la gotita más pequeña que contenga un microorganismo contagioso puede afectar a una persona sana. En nuestras organizaciones, una persona agradable, productiva y optimista puede unirse a un equipo, pero las picaduras de otros infectados de negatividad y letargo pueden hacer que la persona se desanime. Él o ella quizá intenten luchar contra los efectos durante un tiempo, pero tarde o temprano ese miembro del equipo que estaba sano deja de entregar el trabajo a tiempo, se vuelve irresponsable, y compite con otros para ver quién puede ser el más sarcástico.

Los mosquitos tienen el poder de consumir y controlar. Antes de cada reunión, las personas del equipo piensan en las posibles reacciones del portador; durante la reunión, miran con cuidado para leer la comunicación no verbal de esa persona; y después de la reunión, piensan cómo pueden conseguir poner de su lado al portador. Para el líder, el portador y la amenaza de mosquitos infecciosos se convierten en el filtro dominante para pensar en cómo comunicar la visión, planificar los siguientes pasos, delegar responsabilidades, y que las personas rindan cuentas. La visión y la comunicación se confeccionan para reducir el impacto del mosquito, en lugar de alcanzar los sueños imaginativos de la organización.

LOS MOSQUITOS EN LAS ESCRITURAS

En la Biblia vemos muchos ejemplos de devastación individual y organizacional causada por picaduras de mosquito: Eva escuchó una mentira de Satanás. Jacob engañó a su padre un día y pasó años huyendo de su hermano. Su esposa Lea sufrió al ser comparada con su hermosa hermana Raquel. Moisés a veces se sintió abrumado por las quejas del pueblo mientras los guiaba por el desierto hacia la tierra prometida.[2]

Quizá el mejor ejemplo del impacto letal de un solo mosquito ocurrió cuando Josué introdujo a los israelitas en la tierra prometida a través del río Jordán. Dios hizo un milagro de liberación en Jericó. Nada parecía que pudiera impedir que el pueblo de Dios tomara posesión de la tierra. Dios le dijo a Josué que enviara tres mil hombres para tomar la aldea de Hai, pero cuando atacaron fueron derrotados en una pérdida impactante. *"El ejército israelita... fue perseguido desde la puerta de la ciudad hasta las canteras. Allí, en una pendiente, fueron vencidos. Como resultado, todo el pueblo se acobardó y se llenó de miedo"* (Josué 7:5). Incapaz de imaginar lo que ocurrió, ¡Josué culpó a Dios y deseó haberse quedado en el desierto!

El problema, le explicó Dios, fue que alguien había desobedecido a Dios y había violado su pacto. Un solo mosquito fue el responsable de esta trágica derrota. Le dijo a Josué que reuniera a todo el pueblo. A la mañana siguiente se alinearon por tribus. Dios reveló la tribu, el clan, la familia y el hombre que había pecado. Fue Acán. Expuesto y culpable delante de Josué y de todo el pueblo, admitió que había robado egoístamente algunas cosas durante el ataque. Josué se ocupó del problema de forma rápida y clara, y se restauró el orden para avanzar hacia la tierra que Dios les había prometido (vv. 6-26).

En otra ocasión, siglos después, la enfermedad de la superioridad y la exclusión amenazó con hacer descarrilar los planes de Dios para la novata iglesia. Pablo y Bernabé habían visto actuar al Espíritu en las vidas de los gentiles en su primer viaje para hablar al pueblo de Jesús, pero cuando llevaron las noticias de regreso en Jerusalén, algunos líderes judíos en la iglesia creían firmemente que el Mesías era algo propio, y de nadie más. Exigían que los gentiles que creían en Cristo, personas que consideraban de afuera, fueran circuncidados y siguieran las leyes mosaicas para poder ser como ellos.

Pablo y Bernabé explicaron que Dios no veía clases de creyentes como de dentro y de afuera, de primera y de segunda clase. Dios hace milagros de forma indiscriminada, y todo el que cree es igual en su reino. Tras un debate, Santiago, el líder del consejo, anunció su decisión de que los gentiles serían totalmente aceptados como iguales en la familia de Dios. Su pronunciamiento detuvo la división que habría afectado de forma severa el crecimiento de la Iglesia. Podemos decir confiadamente que la Iglesia habría sido muy distinta en los últimos dos mil años si los mosquitos de la superioridad y la exclusividad no hubieran sido fumigados por la universal gracia de Dios (Ver Hechos 15:1-35.).

REDES Y GASES

> El reto del líder es encontrar a los mosquitos y los portadores, antes de que puedan afectar a otros.

¿Cuánto tarda una persona saludable en infectarse por un mosquito en una organización? En la mayoría de los casos, el periodo de gestación es solo de unos tres meses. Quizá no veamos los síntomas desarrollados del todo hasta otro mes más o dos, pero en ese punto comenzamos a ver el devastador impacto de los microorganismos del mosquito en la actitud, cooperación y eficacia de la persona picada.

El reto del líder es encontrar a los mosquitos, y los portadores, antes de que puedan afectar a otros. Esta previsión es rara, no obstante. La mayoría somos lentos para observar, e incluso más lentos para pasar una red, y más lentos aún para fumigar.

Voy a ocupar el papel de Dr. Gorgas y a ofrecer una solución al problema de los mosquitos en nuestras organizaciones:

1. *Identificar a los portadores.* Todos tenemos de vez en cuando un mal día, y todos necesitamos cierta gracia para que nos perdonen por tener una mala actitud de vez en cuando; pero en mi experiencia con las organizaciones de todo el mundo, he llegado a la conclusión de que la gran mayoría de los líderes están voluntariamente cegados al zumbido que hay a su alrededor. Observa los patrones, y observa el impacto. Quizá no puedas darte cuenta de una mala actitud si la persona siempre es agradable en tus reuniones y crítica en el pasillo cuando acaba, pero puedes observar los efectos negativos persistentes de la persona sobre otros.

2. *Marginaliza y pon en cuarentena.* Por muchas razones, quizá no estés listo para despedir a un jefe de división o un líder de alabanza en cuanto observes los rasgos de una infección, pero puedes reducir la influencia

de esta persona de formas sutiles. Quítale algo de responsabilidad a esa persona, y haz un mejor comentario de otros componentes del equipo. Alaba el impacto positivo de las personas optimistas y responsables.

3. *Ofrece la posibilidad de un cambio real.* No funciona andarse mucho por las ramas, como dar indicaciones o pistas imprecisas, cuando estás lidiando con este tipo de problema con una persona de tu equipo. Ten una charla sincera con el portador para invitarle al autoexamen y el cambio. Sé sincero con lo que has visto, y describe el problema específico. Describe cuál debería ser el cambio, y escribe una norma de comportamiento para que ambos puedan medir el progreso (o la falta del mismo).

4. *Cuando sea necesario, fumiga.* Cuando hayas dado a una persona una oportunidad razonable para cambiar y él o ella no puedan o no quieran, no importa cuál de las dos, es tiempo de decir adiós. Antes de esta conversación, medita en las verdaderas consecuencias de tratar el problema, así como las consecuencias de no tratarlo. Considera los asuntos transicionales que son más profundos y amplios que simplemente cambiar personas y papeles. Este tipo de decisión inevitablemente produce un efecto dominó entre las personas que apoyan a esa persona y los que te apoyan a ti, y habrá consecuencias inesperadas e involuntarias. Habla con los que deban estar informados, quizá tu consejo de dirección, tu director de Recursos Humanos y tu equipo ejecutivo. Sé claro y valiente.

5. *Supervisa el proceso de sanidad.* El mosquito hembra, que es el que infecta a una persona con la enfermedad, puede que no viva mucho después de la picadura, pero quien resultó picoteado necesita tiempo y cuidados para recuperarse. Del mismo modo, tú y tu organización han sido profundamente afectados por el mosquito. El impacto probablemente no se terminará pronto. Está preparado, sé diligente y persistente a la hora de aplicar la medicina de verdad y gracia a todo aquel al que esa persona haya tocado.

6. *Usa un spray preventivo.* El Dr. Gorgas roció de forma regular y persistente los mosquitos, las larvas y los huevos para asegurarse de llegar a todas las generaciones de insectos. En nuestras organizaciones tenemos que considerar rociar con un *spray* preventivo de gracia y verdad, y después reinstituir una vibrante cultura saludable para que las personas

> sepan que no podemos tolerar a los portadores. Tenemos que tener cuidado de evitar criticar públicamente a la persona que dejamos ir, pero también tenemos que tener cuidado para no permitir que ningún otro mosquito infecte a nuestros equipos.

Cuando pasaba mi infancia en India, los mosquitos eran un gran problema. La mayor parte del año dormíamos debajo de redes que cubrían nuestras camas. Para protegernos más, mis padres nos daban un *spray* lleno de repelente. Antes de irnos a dormir, rociábamos con el *spray* la red, nuestra cama, debajo de la cama, y en todos los demás sitios donde los mosquitos pudieran esconderse antes de comernos para cenar. El *spray* olía muy mal, pero evitar el zumbido y las picaduras, y la amenaza de verdaderas enfermedades, hacía que el olor no fuera tan malo.

Al igual que mis padres, nosotros deberíamos rociar con un *spray* honestidad, amor, optimismo, verdad, y un riguroso compromiso a la buena comunicación en nuestros equipos. Vemos el agua estancada del cinismo y la murmuración que está produciendo un caldo de cultivo de insectos, y secamos la ciénaga de un conflicto sin resolver, que es el entorno perfecto para que salgan millones de huevos y extiendan la enfermedad. A veces somos lo suficientemente rápidos para identificar a un portador infectado antes de que los mosquitos hagan que otros se enfermen. Un ayudante administrativo o un alto ejecutivo, cualquiera puede ser portador. Si lo observamos con la suficiente antelación, este tipo de liderazgo observador resuelve muchos problemas antes de que eclosionen los huevos.

Ninguno de nosotros está por encima de la posibilidad de ser un portador en nuestra organización. Las personas íntegras siempre están dispuestas a preguntar: "¿Soy yo? ¿He contribuido yo al problema de alguna manera?".

NO TE SORPRENDAS

Un amigo mío vive cerca de Houston. Me contó que hace varios años hubo una tormenta tropical, soltando más de veinte metros y medio de lluvias sobre su comunidad. Al día siguiente los cielos se aclararon, el sol salió, y los arroyos volvieron a sus niveles normales. Unos cuatro días después, sin embargo, salió a su jardín y tuvo una sensación de desasosiego. Miró entre los arbustos, y parecía que les había crecido pelo. Se acercó para verlos con más detenimiento, y se dio cuenta de que alrededor de cada rama de cada arbusto, y de hecho, por encima de toda la hierba del suelo, ¡había millones y millones de mosquitos! Incluso la más ligera de las brisas o movimiento de los arbustos liberaba nubes de pequeños monstruos parásitos.

Tenemos que darnos cuenta de que ciertas condiciones en nuestras organizaciones hacen explotar la población de mosquitos. Por mucho que lo notemos y fumiguemos regularmente, siempre tendremos unos pocos, y en tiempos tormentosos de estrés organizacional, se multiplicarán y formarán nubes. Cuando compartimos una nueva visión para el tamaño y la velocidad, nuestros planes de actualizar y reestructurar los sistemas y la estructura agitan los arbustos de nuestras empresas, iglesias y organizaciones sin fines de lucro. En el Canal de Panamá, el proceso de excavar creó incluso más estanques de agua para la reproducción de mosquitos. Nuestro proceso de ensanchar nuestros canales también produce inevitablemente los elementos naturales de la naturaleza humana: inseguridad, temor, ponerse a la defensiva, orgullo y culpa.

No te sorprendas cuando tus planes más valientes y más cuidadosamente concebidos tengan como resultado una nube de mosquitos. La respuesta no es olvidarse de los planes y regresar al status quo. Tenemos que avanzar, pero con más perspicacia. Nuestra pregunta debe ser: ¿Qué es en nuestra cultura un caldo de cultivo para los mosquitos?

Voy a compartir unas cuantas observaciones que he hecho al ofrecer consultoría a los líderes durante los años:

- La mayoría de las personas se emocionan con una visión valiente, pero muchos tienen miedo de perderse o de fallar en los pasos del cambio. Por eso reaccionan negativamente a la posibilidad de cambio.
- Las personas tienen más temor al *cambio misterioso* que al *cambio que entienden*. Vale más lo malo conocido que lo bueno por conocer, así que es casi imposible hablar demasiado del proceso y el valor del cambio.
- Cada persona reacciona al cambio en base a las presunciones creadas en sus experiencias pasadas. Entiende las experiencias de las personas, y podrás anticipar sus respuestas.

- Cuando las personas hacen preguntas durante tiempos de cambio, no supongas que te están atacando. Tan solo necesitan información y mucha reconfirmación.
- Nuestra tarea como líderes es dibujar un cuadro de un futuro preferido para toda nuestra organización, y ayudar a cada accionista individual a que lo entienda, anticipe los beneficios y lo haga suyo.
- Las personas progresan con una combinación de esperanza y afirmación personal, no una o la otra.
- Si ves un mosquito, hay cientos más que no ves.
- La confianza es indispensable, así que por encima de todo, dile la verdad a tu personal.
- Usa reglas para fijar una norma de excelencia, pero no las uses en exceso para controlar a las personas. Quienes necesitan reglas rígidas para hacer su trabajo o son nuevos en sus roles, o son portadores.
- Es importante aclarar la cadena de mando para que la comunicación fluya de forma suave y directa. Las preguntas y los desacuerdos no son problemas en entornos saludables, pero se tienen que dirigir hacia las personas que pueden tomar decisiones informadas.
- Demasiado acuerdo es una señal de una comunicación estancada que produce mosquitos. Algunas personas son "evasores de conflictos", lo cual a menudo resulta en su disposición a sonreír y asentir incluso cuando no estén de acuerdo. Ocurre en algunas empresas, pero es desenfrenado en iglesias y organizaciones sin fines de lucro. Este tipo de conducta parece "bonita", "agradable" y "totalmente cristiana" por fuera, pero no promueve un diálogo riguroso y un debate saludable que produzcan relaciones profundas y las mejores decisiones.

SECAR EL PANTANO

He visto algunos líderes destacados durante tiempos de cambio en sus organizaciones. Estos hombres y mujeres aprendieron a ser bilingües, hablando el lenguaje de la visión valiente y la compasión tierna para ayudar a las personas a dar pasos hacia esa visión. En conversaciones con miembros de la plantilla, miembros del consejo directivo y voluntarios clave, no han impuesto su camino para hacer que otros obedezcan. Más bien, construyeron confianza y entendimiento usando frases como estas:

- "Ayúdame a entender lo que estás preguntando".
- "¿Puedes retroceder aquí por un instante? Lo que estás diciendo es importante para mí".
- "Lo siento. No te aclaré ese punto lo suficiente".
- "¿Podemos ir a la parte de la solución de este problema?".
- "Estoy seguro de que todos notaron que hay un elefante en la sala del que no hemos hablado. Es tiempo de que hablemos de ello".
- Ahora, permítanme dar la frase clave de todo lo que he estado diciendo. Quizá esto sea difícil para algunos de ustedes, y sé que tendrán preguntas. Déjenme explicárselo primero, y después podrán preguntarme lo que quieran".
- "¿Estamos todos de acuerdo? Está bien discrepar, ya lo saben".

Los equipos pueden soportar casi todo si confían unos en otros, pero no pueden disfrutar ni siquiera del éxito más estrepitoso sin ella. La confianza es el pegamento que mantiene unidas organizaciones y relaciones, y es la tubería que seca los pantanos de sospechas y culpa donde se reproducen los mosquitos. La confianza se construye cuando las personas demuestran ser honestas cuando sería conveniente enmascarar la verdad, fiables cuando sería fácil soltar algo, amables en lugar de rudos o en vez de alejarse, y comprometidos con la excelencia cuando podríamos vernos tentados a conformarnos con el "suficientemente bueno". Algunas personas valoran distintos rasgos relacionales de amor, autenticidad y generosidad más que otras, pero todos son importantes, ya sea en un equipo, en la familia o entre amigos.

Los equipos pueden soportar casi todo si confían unos en otros.

La confianza no surge de la nada, y no podemos suponer que las personas empiezan con una taza llena para compartir. De hecho, casi todos llegan a nuestros equipos con experiencias dolorosas de confianza rota, relaciones tensas y sueños destrozados. La confianza es siempre algo que se gana; no es un derecho. Los líderes pagan un "impuesto de confianza" por cada persona que se une al equipo, así como todos los que llegan de otra iglesia donde no estaban contentos con algún aspecto. La mayoría de personas con quienes interactuamos cada día tienen deficiencias de confianza. No se sienten valoradas, y nosotros somos una de las pocas fuentes de estabilidad y afirmación que tienen, si no la única.

Ten en cuenta que las personas peor pagadas en tu organización controlan tu marca y reputación más que las mejor pagadas, porque interactúan con clientes y visitantes más que el equipo de alto nivel. Si ellos confían en ti, su perspectiva positiva se extenderá hasta las personas con quienes interactúan. Si no confían en ti, si vienen de un pantano de desconfianza y aún no han sido transformadas por la gracia y la verdad, serán portadores que sueltan mosquitos que infectan a otras personas antes de que tengas la oportunidad de conectar con ellos.

TUS PROPIOS MOSQUITOS

Si somos sinceros, admitiremos que nuestros pensamientos tienen muchos mosquitos volando a su alrededor. Esos molestos insectos pueden ser preocupaciones persistentes, nuestras propias inseguridades y temores de no dar la talla, y la comparación que conduce a ciclos de superioridad (cuando pensamos que estamos haciendo un mejor trabajo que otros) y de inferioridad (cuando sentimos que somos unos fracasados). Los líderes dedicados a menudo están plagados del lado oscuro de sentirse obligados; viven bajo una opresiva nube de "debería".

> Tu felicidad y eficacia son inversamente proporcionales a los "debería" de tu vida.

Esta es la verdad: tu felicidad y eficacia son inversamente proporcionales a los "debería" de tu vida. Los "debería" parecen puntos de referencia razonables, pero siempre que alcanzamos nuestras metas más altas, subimos el listón aún más. De esta forma, nunca hacemos lo suficiente, nunca somos lo suficientemente amables, nunca oramos lo suficiente, nunca inspiramos lo suficiente, o servimos desinteresadamente lo suficiente.

Estos pensamientos y temores pueden zumbar en nuestra mente cientos de veces al día, pero estamos tan acostumbrados a ellos que ni siquiera notamos su poder para infectarnos. Creo que muchos líderes maravillosos viven esclavos de sus "debería". Seríamos mucho más felices, estaríamos menos distraídos y seríamos más seguros si aprendiéramos a aplicar la gracia que enseñamos a los pantanos más profundos de nuestro propio corazón.

Los hombres que trabajaron como ingenieros jefe en el Canal se dieron cuenta de los peligros que suponían las enfermedades transmitidas por los mosquitos. Los métodos revolucionarios del Dr. Gorgas salvaron miles de vidas. Pero estos líderes también se vieron ante otra adversidad abrumadora. Esta no era insidiosa; era organizada e institucional: el Congreso de los Estados Unidos. Veremos esta oposición en el siguiente capítulo.

PIENSA EN ESTO

Medita en estas preguntas y discútelas con tu equipo:

1. ¿Cuáles son algunas de las señales de que hay mosquitos en tu organización?

2. ¿Quiénes son (o eran) los portadores? ¿Qué impacto tienen (o tenían)? ¿Qué hizo que tardaras tanto en darte cuenta del problema y tratarlo?

3. Mira los pasos detallados en este capítulo para tratar los mosquitos. ¿Cuáles de estos pasos te ves preparado para dar? ¿Con cuáles te sientes reticente? Explica tu respuesta.

4. ¿Cuáles son algunos pasos y lenguaje que podrías usar para secar el pantano e inspirar confianza en tu organización? ¿Cómo pueden convertirse en una parte normal de tu cultura? ¿Qué diferencia marcarán?

5. ¿Tienes mosquitos volando en tu mente y tu corazón? (¡Por supuesto que sí!) ¿Cuáles son? ¿Cómo puedes matarlos y secar tu propio pantano que los cultiva?

Recuerda: El tamaño y la velocidad de una organización están controlados por sus sistemas y estructuras.

CAPÍTULO 7

¿CÓMO MANEJAS LA OPOSICIÓN?

John Stevens
BIBLIOTECA DEL CONGRESO

Cuando los estadounidenses llegaron a Panamá para comenzar de nuevo el proyecto del Canal, no se sorprendieron en modo alguno del peligro que suponían los mosquitos. Los doctores acababan de entender la causa de la malaria y la fiebre amarilla, y habían experimentado con nuevas técnicas para erradicar a los insectos. Los ingenieros esperaban la enfermedad y las muertes, quizá no en la escala que lo vivieron los franceses y sus trabajadores, pero el peligro era real e ineludible. Sin embargo, los ingenieros que estaban dedicando su experiencia, sus energías y su tiempo lejos de sus familias no esperaban la oposición desde una fuente que creían que sería su mayor ayuda: el Congreso de los Estados Unidos.

Cuando Wallace se puso al mando como jefe de operaciones, tenía todas las razones para esperar que el gobierno estadounidense proveyera para cada necesidad, de manera rápida, entusiasta y generosa. En cambio, el Congreso se guardó el derecho a debatir la apropiación de cada dólar y determinar cada decisión importante de ingeniería. Incluso cuando el Dr. Gorgas pidió dinero para fumigar la zona y salvar innumerables vidas, fue necesaria la intervención del presidente Roosevelt para empujar al Congreso a estar de acuerdo.

Wallace estaba desesperado por recibir ayuda, así que cuando se creó una nueva Comisión Ístmica del Canal (CIC), recomendó a Theodore Perry Shonts, un abogado y ejecutivo del ferrocarril, para que fuera el jefe de la comisión. Roosevelt había querido que Elihu Root, su amigo y un diestro exsecretario de guerra, asumiera el papel. Roosevelt le pidió a Root que él mismo pusiera el salario si aceptaba, pero Root rehusó porque creía que el proyecto del canal era un agujero negro, un desastre al margen de quien estuviera al mando. Cuando Root se retiró, Roosevelt nombró a Shonts para el papel.

En vez de dar ayuda, Shonts se convirtió en otra capa de impedimento entre Wallace y el Congreso. El enorme estrés de vivir en Panamá, la lucha por conseguir el equipo suficiente y hombres para hacer el trabajo, y las incesantes expectativas de hacer más progreso con mayor rapidez agotaron a Wallace. Finalmente, cuando "el Gran Susto" le hizo preocuparse por su seguridad y la seguridad de su familia, fue el colmo para Wallace. Estaba dispuesto a quedarse en el trabajo, explicó, pero solo si le nombraban jefe de la CIC para reemplazar a Shonts, se le daba un control total sobre las decisiones concernientes al Canal, y recibía un gran aumento de sueldo.

Wallace fue a Washington a reunirse con William Howard Taft, el secretario de guerra y el mejor amigo de Roosevelt, para quejarse y entregar sus demandas. La conversación no fue bien para Wallace. Taft le recordó sus compromisos, y le expresó su profunda decepción por su actitud. Aunque Wallace había hecho demandas sin la amenaza de dimitir, Taft habló a Roosevelt sobre la situación, y los dos hombres acordaron aceptar la implícita dimisión de Wallace.

John Stevens fue elegido de inmediato para sustituir a Wallace, y como hemos visto, consiguió un progreso sobresaliente. Su exhaustiva visión de terminar el proyecto estuvo acompañada de una hábil planificación y una incesante ejecución. En noviembre de 1906 Roosevelt visitó la zona para ver la obra en progreso. Su visita fue un éxito asombroso, y se fue con la más profunda confianza en Stevens. El nuevo ingeniero jefe había diseñado e implementado sistemas más eficaces para las excavadoras a vapor y los trenes, y la obra en el Corte Culebra avanzaba más rápido que nunca.

Sin embargo, las cosas cambiaron rápidamente. En una visita a Washington al mes siguiente, Stevens pasó de ser el confiado Dr. Jekyll a un fiero y taciturno Mr. Hyde. Quería que despidieran al Dr. Gorgas, e incluso fue imposible que el brillantemente persuasivo Roosevelt le agradara. Pocas semanas después, cuando Stevens estaba de regreso en el canal, escribió una larga y exaltada carta al Presidente. Estaba amargado y fue descortés. Describió "enemigos en la retaguardia" y los duros esfuerzos de estar "sometido tan continuamente a ataques de muchas personas... que no pondría mis botas en los Estados Unidos".[1] Identificó al menos a algunas de "estas personas" como miembros del Congreso. Se quejó de no valía la pena el sacrificio personal que estaba pagando como ingeniero jefe.[2] Al igual que Wallace, esta carta no incluyó la amenaza explícita de dimitir si sus demandas no se cumplían; de hecho, no había demandas, solo quejas. El Presidente y Taft hablaron de esta inusual carta, y como hicieron con Wallace, decidieron aceptar el implícito cese.

Dos ingenieros jefe dotados, dedicados y con experiencia se derrumbaron bajo las opresivas restricciones y retrasos causados por oficiales del gobierno que ellos habían esperado que les darían toda la ayuda que necesitaban. Wallace y Stevens pensaron que los miembros del Congreso serían sus aliados, pero se convirtieron en sus enemigos.

Roosevelt necesitaba a las mejores personas para sostener su escalera a fin de poder alcanzar su meta de terminar el canal. Wallace parecía la opción perfecta, pero no pudo soportar la presión. Stevens hizo más progreso aún, pero él también tenía límites. ¿Encontraría Roosevelt alguna vez a alguien competente y lo suficientemente dedicado para sostener su escalera?

LA INEVITABILIDAD DE LA OPOSICIÓN

> Cada visión grande y valiente se encontrará con una oposición importante.

Tarde o temprano, cada visión grande y valiente se encontrará con una oposición importante. Podemos suponer que la oposición es siempre destructiva, pero puede ser una potente fuerza que materializa nuestra imaginación, enfoca nuestros planes y nos conduce a tener éxito. Un aeroplano usa la oposición del aire para hacerle volar. Millones de nosotros usamos pesas en nuestro programa de ejercicio porque la resistencia nos hace más fuertes. Los maestros ponen problemas y ejercicios a sus alumnos para obligarles a pensar con más claridad, a entender principios y a descubrir respuestas. Los exámenes no están diseñados para hacer que las personas suspendan, sino para impulsarles a aprender y crecer. Del mismo modo, los líderes excepcionales usan la oposición como exámenes para afilarles y equiparles para llegar incluso más alto.

Me resulta útil distinguir entre resistencia y ridículo. La resistencia es desacuerdo, y a menudo llega en forma de oposición a una idea o un plan, pero el ridículo es un ataque personal. La resistencia podría ser intelectual o de procedimiento, pero el ridículo tiene un fuerte componente emocional. Una persona que se resiste podría preguntar: "No entiendo por qué quieres hacer eso. Para mí no tiene sentido. ¿Podrías explicar por qué quieres hacerlo?". Pero el ridículo se burla: "¿Qué necio querría hacerlo de esa forma?". Nuestra respuesta a las personas depende de nuestra interpretación de su oposición: ¿Están pidiendo más información, o están intentando hacernos daño?

Cuando personas hacen retroceder mis ideas, me hace pensar con más claridad y articular mis ideas con más precisión. En el proceso de dar y tomar, descubro quién está abierto a la nueva información y se convierte en socio en el esfuerzo, y a quién no le importa cuánto sentido tenga y se convierte en un adversario. Todos podemos manejar la resistencia mucho mejor que lidiar con el ridículo.

Cada personaje heroico de la Biblia experimentó resistencia o ridículo, o ambas cosas. Algún familiar les mintió y les engañó, y amigos cercanos les traicionaron. Sufrieron ataques de enemigos, y tuvieron que lidiar con el orgullo y el temor en quienes afirmaban ser sus ayudantes. A Jesús, el Rey Creador y Salvador, quien amó a la gente hasta lo máximo, le abandonaron sus amigos, uno de ellos le traicionó, otro le negó, los que conocían las Escrituras mejor que el resto de las personas le acusaron falsamente, y los soldados, la multitud y los líderes religiosos le azotaron, golpearon y se burlaron. Y después, en el momento supremo de agonía de Jesús, el Padre le dio la espalda mientras colgaba en la cruz para que pudiera llevar el castigo de los pecados del mundo. Para Jesús, la peor oposición que un hombre haya soportado jamás le llevó a un torrente limpiador de perdón, una gloriosa resurrección y esperanza para la humanidad.

El sufrimiento puede hacer que nos volvamos duros y amargados, pero puede hacernos humildes, tiernos y sabios. Pablo aprendió a contentarse en todo un abanico de situaciones. Su confianza en la soberanía y sabiduría de Dios le dio perspectiva sobre la oposición que enfrentó. Como comentó irónicamente un pastor británico: "Dondequiera que iba San Pablo, empezaba revueltas. Dondequiera que yo voy, sirven té".[3]

> El sufrimiento puede hacer que nos volvamos duros y amargados, pero puede hacernos humildes, tiernos y sabios.

En su segunda carta a los creyentes corintios, Pablo les dio un breve catálogo de dolores que podemos suponer que podría haber sido mucho más largo. Escribió:

> *(...) He sido encarcelado más veces, he recibido los azotes más severos, he estado en peligro de muerte repetidas veces. Cinco veces recibí de los judíos los treinta y nueve azotes. Tres veces me golpearon con varas, una vez me apedrearon, tres veces naufragué, y pasé un día y una noche como náufrago en alta mar. Mi vida ha sido un continuo ir y venir de un sitio a otro; en peligros de ríos, peligros de bandidos, peligros de parte de mis compatriotas, peligros a manos de los gentiles, peligros en la ciudad, peligros en el campo, peligros en el mar y peligros de parte de falsos hermanos. He pasado muchos trabajos y fatigas, y muchas veces me he quedado sin dormir; he sufrido hambre y sed, y muchas veces me he quedado en ayunas; he sufrido frío y desnudez. Y, como si fuera poco, cada día pesa sobre mí la preocupación por todas las iglesias.* (2 Corintios 11:23-28)

Pero Pablo entendía que Dios tenía un propósito en su dolor. En la misma carta, explicó que el sufrimiento que experimentó a manos de sus oponentes le había dado una mayor compasión por otros que sufren. Explicó:

> *Alabado sea el Dios y Padre de nuestro Señor Jesucristo, Padre misericordioso y Dios de toda consolación, quien nos consuela en todas nuestras tribulaciones para que, con el mismo consuelo que de Dios hemos recibido, también nosotros podamos consolar a todos los que sufren. Pues, así como participamos abundantemente en los sufrimientos de Cristo, así también por medio de él tenemos abundante consuelo. Si sufrimos, es para que ustedes tengan consuelo y salvación; y, si somos consolados, es para que ustedes tengan el consuelo que los ayude a soportar con paciencia los*

mismos sufrimientos que nosotros padecemos. Firme es la esperanza que tenemos en cuanto a ustedes, porque sabemos que, así como participan de nuestros sufrimientos, así también participan de nuestro consuelo. (2 Corintios 1:3-7)

La angustia de Pablo venía de su experiencia tanto con la resistencia como con el ridículo, y más allá de lo que cualquiera de nosotros soportaría, sufrió tortura física y privación. Al avanzar hacia el tamaño y la velocidad, indudablemente encontraremos oposición en diversas formas. ¿Nos hará ser más humildes, sabios y amables, o nos hará ser rebeldes, rencorosos y endurecidos? La decisión es nuestra.

FUENTES DE OPOSICIÓN

> Los líderes sufren oposición desde tres fuentes distintas: *procedimientos*, cómo se hacen las cosas; *prerrequisitos*, por qué se hacen las cosas; y *personal*, quiénes hacen las cosas.

Los líderes sufren oposición desde tres fuentes distintas: *procedimientos*, cómo se hacen las cosas; *prerrequisitos*, por qué se hacen las cosas; y *personal*, quiénes hacen las cosas. Si respondemos bien, nuestra experiencia de resistencia puede tener beneficios en las tres áreas. Encontraremos ideas mejores y más creativas para lograr nuestros objetivos, se tomarán mejores decisiones porque nos hemos visto obligados a considerar las razones por las que lo hacemos, y más personas aceptarán los sistemas y procesos porque han sido parte del proceso de evaluación y planificación. Cuando nuestro personal se siente escuchado y entendido, se compromete a contribuir al éxito de la aventura.

Pero el ridículo a menudo tiene el impacto opuesto. Cuando nos sentimos atacados y acusados, podemos volvernos rebeldes, cerrando cualquier oportunidad para tener conversaciones abiertas y creativas. Las emociones, las nuestras y las de otros, abruman y atascan el proceso de pensamiento, así que reaccionamos con temor o ira en vez de intentar tener juicios coherentes. Los sentimientos intensos nos hacen ser demandantes o pasivos, o quizá incluso nos hacen pasar por ambos. La resistencia al final puede acercar a las personas, pero el ridículo a menudo separa y aísla. Y por supuesto, algunos de los que resisten también ridiculizan, así que experimentamos un doble golpe.

El ridículo nos deshonra y menosprecia. Tiene el potencial de consumirnos por completo con noches sin dormir y días de preocupación o furia. Algunos no podemos ni comer y perdemos peso; otros no podemos dejar de comer. Hablamos mal a las personas que amamos, y evitamos a las personas que quieren cualquier cosa de nosotros. Algunos no lo aguantamos, así que abandonamos y cedemos, sin importar cuán poco razonables puedan ser las demandas.

Otros se ahogan en las distracciones como el juego, los deportes, la pornografía u otros entretenimientos; se anestesian con alcohol o pastillas; o se esconden durante horas en las redes sociales, hasta el punto de no ir ni siquiera a trabajar. Pero algunos rehúsan retirarse; luchan con ferocidad, apartando incluso a quienes podrían ser aliados si el líder dijera la verdad con menos veneno. Como Wallace y Stevens, puede que lleguemos al colmo y simplemente abandonemos.

No estamos solos cuando nos ridiculizan. En cierto momento, los habitantes de la ciudad natal de Jesús le menospreciaron viéndole solo como "el hijo del carpintero" (Ver Mateo 13:55), y los poderosos líderes insistían en que estaba poseído por los demonios (Ver Mateo 12:23-24). Pero Jesús sabía perfectamente quién era. Estaba seguro en el amor del Padre, y sabía por qué había venido a la tierra. Respondió con valentía, fuerza, claridad y sabiduría a cada acto de resistencia y ridículo. Sus respuestas a sus oponentes, especialmente en el Evangelio de Juan, son un modelo de cómo responder a los adversarios con una mezcla de verdad y gracia.

¿Cómo podemos aprender del ejemplo de Jesús? La respuesta no es solo intentarlo con más fuerza, una solución que no tiene efectos duraderos. Tenemos que mirar más adentro, a la fuente de seguridad y fuerza de Jesús. Él estaba totalmente convencido de que el Padre le adoraba, y le había llamado a una misión. Al margen de lo que enfrentara, nada sacudía esta firme verdad. Su concepto de sí mismo no estaba basado en las opiniones de otros. Él sabía lo que había en el corazón humano, así que no le sorprendía cuando algunos le amaban, muchos le temían, y unos pocos tramaron asesinarlo.

Un profundo entendimiento del amor de Dios y confianza en que sus propósitos nunca fallan nos dan el fundamento de un ego bien manejado. Así, podemos estar confiados sin ser engreídos, pacientes sin ser pasivos, decididos sin ser dogmáticos, y asertivos sin ser agresivos. Muchos hemos estado tan ocupados hablando del amor de Dios y movidos a compartirlo con más personas que hemos olvidado lo que se siente al saber que quien nos ama es el Rey de la creación.

La resistencia y el ridículo nos obligan a reevaluar el fundamento sobre el que estamos. ¿Hemos estado confiando en nuestro propio desempeño y éxito estelares? ¿Es nuestro valor supremo el aplauso de otros? Esos son fundamentos agrietados. En medio de la oposición tenemos la oportunidad de excavar más hondo y encontrar más gracia y seguridad que nunca antes, no porque la búsqueda sea algo bueno que debamos hacer, sino porque sabemos que no podemos hacerlo sin una experiencia genuina del constante amor de Dios.

RESPONDER AL RIDÍCULO

Hace años pasé de trabajar como conserje en una universidad cristiana a ser el presidente. Cuando tomé la posición más alta, teníamos ochenta y siete estudiantes; cuando lo dejé, teníamos más de ochocientos. Durante mi ejercicio, necesitábamos encontrar una manera de conseguir acreditación nacional. El director ejecutivo de una de las agencias acreditadoras venía a Atlanta, así que le pedí que viniera a nuestra universidad para reunirme con él. En ese entonces teníamos unos doscientos estudiantes.

Invité a todos los de mi equipo ejecutivo a la reunión con él en mi oficina. Tras escuchar nuestra propuesta, se reclinó en su silla y se burló, diciendo: "Si alguien les mandara un cheque de diez millones de dólares hoy para que pudieran comprar todo lo que necesitan, y si me entregaran hoy en la mano todos los papeles que exigimos, ¡el proceso tardaría *al menos seis años* hasta que nuestra agencia concediera la acreditación!". Casi se rió al pensarlo. Claramente, él creía que era ridículo que nosotros siquiera considerásemos el ser acreditados a través de su excelente organización. De hecho, dejó la perceptible impresión de que cualquier asociación con nosotros deslustraría su reputación. Fue una resistencia mayúscula combinada con un desdeñoso ridículo.

En un tono burlón, después explicó las tres etapas requeridas: solicitante, candidato y acreditación. Normalmente, las universidades necesitan dos años para terminar su estatus de solicitante, después entre cuatro y seis años en calidad de candidato para demostrar que lo merecen antes de que les concedan la acreditación: el sello completo de aprobación. No habíamos terminado los dos años preparando nuestra solicitud, así que nos quedaban entre seis y ocho años, según sus proyecciones.

Poco después de esa reunión, me enteré de que el Departamento de Educación de los Estados Unidos había aprobado otra agencia de acreditación. De repente, la otra organización tenía competencia. La recién aprobada agencia quería apoyar a universidades como la nuestra, y nosotros teníamos mucho interés en su sello de autenticidad para aumentar nuestra credibilidad en la comunidad y nuestra capacidad de recaudar dinero. Nos pusieron en un canal rápido, y nos acreditaron en solo tres años.

Poco después de anunciar nuestra nueva acreditación, recibí una llamada del director ejecutivo de la primera agencia, el hombre que nos había visitado. Habíamos sido la universidad cristiana de mayor crecimiento en los Estados Unidos en los tres años previos, y parece que se dio cuenta de que su organización se había quedado fuera. Vino a nuestra oficina y se sentó en la misma silla en la misma sala y con las mismas personas de nuestro equipo ejecutivo. Antes nos había menospreciado, pero su tono y expresiones ahora eran muy distintos. Él había solicitado tener la reunión, así que él comenzó: "Veo que su universidad está haciendo las cosas muy bien. ¡Felicidades!". Nosotros asentimos aceptando su elogio, y continuó: "Nos gustaría trabajar con ustedes. Quisiéramos ofrecer a su universidad nuestra acreditación".

Yo respondí: "Eso sería maravilloso. Nos encantaría tener su acreditación además de la otra".

El director ejecutivo frunció el ceño y meneó la cabeza. Estaba claro que él se refería a *en lugar* de la otra agencia. Dijo en voz baja y despacio: "Pero ninguna otra universidad en el país está acreditada por ambas".

Yo sonreí: "Entonces seremos los primeros".

No fue la respuesta que él esperaba oír. No me perdí nada. "Hace unos años, usted nos explicó su proceso. ¿Podría contárnoslo de nuevo?".

Él bosquejó las tres etapas del proceso, y su tiempo para cada una de ellas no había cambiado.

Yo le dije: "Nos gustaría hacer la solicitud hoy. Llenaremos las solicitudes y le daremos un cheque. Entiendo que tienen una reunión en tres meses para considerar las universidades que han solicitado la acreditación. Nos gustaría que nos diera la acreditación completa en esa reunión".

Él miró sorprendido, pero debió ver algo en mi conducta que le decía que no estaba bromeando. Meneó la cabeza y dijo, sin dirigirse a nadie en particular: "Nunca antes hemos hecho algo así".

"Está bien", respondí. "Eso es lo que nos gustaría que hiciera".

Y eso es exactamente lo que ocurrió. Aprendí algo muy importante de esa serie de interacciones: las personas que nos ridiculizan nos están mirando de cerca para ver si nos enojamos y desafiamos (la respuesta de *lucha*) o nos acobardamos por el temor (la respuesta de *huida*). Raras veces esperan que respondamos con fuerza, sabiduría, gracia y creatividad. Incluso en la primera conversación, cuando él fue tan condenatorio, yo no le respondí a voces. ¡No dije lo que realmente quería decir! En cambio, le di gracias por venir y darnos la información, y prometí estar en contacto. No cerré las puertas a futuras oportunidades, a pesar de cómo nos había tratado.

Un año o dos después de recibir nuestra segunda acreditación y del continuo crecimiento de nuestra universidad, me dirigía en mi auto al campus una noche para una reunión, pero no pude encontrar ninguna plaza de estacionamiento. Había tantos alumnos recibiendo clases nocturnas después del trabajo que el campus estaba repleto. No había estado en el campus de noche desde hacía mucho tiempo, así que me quedé bastante sorprendido. Me preguntaba si muchos alumnos preferirían venir a las clases antes de trabajar, en lugar de después.

En los días sucesivos, decidí que las clases tendrían que empezar a las seis de la mañana. Nunca había oído de nadie que hubiera intentado hacer eso. Fui a la oficina del decano y le conté mi plan. Me escuchó atentamente y después se rió con ganas. ¡Pensaba que me había vuelto loco! Sonrió y preguntó: "Sam, ¿qué estudiante se levantaría tan pronto y vendría a clase antes de un día completo de trabajo?". Después se detuvo él mismo y preguntó: "Un momento. ¿Qué profesor se levantaría y bebería suficiente café para estar alerta y poder enseñar una clase a esas horas?".

Yo le dije: "Si vamos a probar este experimento, quiero que nuestros mejores profesores enseñen esas clases, y les pagaremos más para honrar su compromiso. No vamos a escatimar en esto".

Cuando ofrecimos las clases tempranas al siguiente semestre, esas fueron las primeras que se llenaron de estudiantes entusiasmados. Ahora una esposa podía venir a clase, su esposo podía dejar a su hijo en una guardería, y ambos tenían la tarde juntos en vez de que uno de los dos tuviera que ir al campus. Los beneficios fueron enormes para todos los que las tomaron.

La reacción de mi decano no fue el ridículo. La mayoría de nosotros estaríamos felices si un amigo se riera de nuestras ideas. En vez de eso, no recibimos risas; recibimos burlas, alianzas secretas, falsas acusaciones de malas conductas, y el tipo de oposición que amenaza con arrastrarnos al lodo de la desesperación.

VIENE CON EL TERRITORIO

Cada líder tiene un objetivo en su espalda. Viene dado con el trabajo. Cuanto mayor es la visión, más personas se burlan, mofan, condenan y acusan, y al menos unos pocos intentan ponerse en medio para impedir el progreso. Los bancos piensan que somos necios por intentar pedir prestado tanto dinero para construir un edificio mayor para llegar a más personas, líderes de la comunidad se burlan de nuestros esfuerzos por marcar la diferencia en partes de la ciudad que otros evitan, personas inteligentes se ríen de nosotros porque intentamos ser claros y simples, y personas simples nos menosprecian porque no tenemos miedo a explicar las imponentes verdades de Dios.

Cuanto más cercana es nuestra relación con estas personas, más resistencia nos sorprende y más ridículo nos hiere. Puede venir de nuestro equipo de trabajo, e incluso de nuestros mejores amigos, nuestros cónyuges y nuestros hijos. No, el problema ciertamente no está en todas las personas, y ni siquiera la mayoría de ellos, pero solo se necesita un diminuto grano de arena en el ojo para causarnos una gran molestia, ¡y a veces hacemos frente a tormentas de arena!

Si no tenemos cuidado, toda esta oposición puede erosionar tanto nuestra fe en Dios como nuestra confianza en nosotros mismos. Nos despertamos una mañana en una nube tóxica de duda y suponemos: "Quizá tienen razón. ¡Esta visión *es* una tontería!". Dudamos de lo que hemos oído de Dios, y dudamos de cada decisión que tomamos desde ese momento en adelante. En seguida comenzamos a recortar los linderos de la visión, reduciéndola para que no sea una amenaza para el nivel de comodidad de nadie, y que así nadie nos haga más preguntas difíciles. Nuestra estrategia se convierte en apaciguamiento: hacer que otros estén felices con nosotros a toda costa. La política de apaciguamiento debilitó a Inglaterra y Francia cuando cedieron ante Hitler antes de la Segunda Guerra Mundial, y nos debilita a nosotros en nuestra búsqueda de la gran visión de Dios para nosotros.

Hemos examinado las señales de la presión que se produce a menudo cuando hacemos frente a una resistencia y ridículo incesantes. Voy a bosquejar algunas más. Cuando sentimos que se nos oponen o atacan, puede que:

- insistamos en que otros reconozcan que tenemos razón, e insistamos en que reconozcan ¡que ellos están equivocados! Tener razón, sin embargo, es un mal sustituto para ser seguros, ser amables y considerados.

- nos sintamos forzados a controlarlo todo. Para sentirnos a salvo del disturbio causado por los errores de otro (o por su creatividad), demandamos que cada decisión pase por nosotros.

- busquemos tres pies al gato a las decisiones de otros, y excusemos las decisiones que nosotros tomamos y que resultaron no ir bien encaminadas.

- etiquetemos a las personas como buenos y malos para poder aceptarles del todo o desecharles del todo. Eso es más fácil, parece, que ver a cada persona como un ser humano complejo y multidimensional.

- participemos de una charla viciosa y negativa con nosotros mismos. Nos enojamos con las personas, con Dios, y quizá la mayoría, con nosotros mismos.

- volvamos a revivir cada conversación y situación importante para realizar una autopsia exhaustiva para asignar culpa. Cada pequeño comentario o expresión facial se convierte en algo monumental.
- raras veces nos riamos porque todo tiene el potencial de ser catastrófico.
- nos riamos de las cosas que no son divertidas.
- consumamos nuestros pensamientos y nuestro tiempo manejando a las personas que se oponen y ridiculizan.
- enmascaremos la verdad, o digamos mentiras abiertamente, para evitar que se nos opongan aún más.
- supongamos que sabemos cómo responderá cada persona antes de cada reunión y conversación. Nuestra temerosa anticipación les pone a ellos y a nosotros en un molde muy rígido.
- comencemos a ver a cada persona como un posible enemigo, incluso a las que nos han apoyado.
- nos olvidemos de la visión de tener un mayor tamaño y más velocidad, y evitemos los planes para fijar sistemas y estructuras porque estos son los sueños que nos han llevado a una pesadilla.

> Cuando estamos bajo la presión de la resistencia y el ridículo, a menudo escogemos exactamente la solución incorrecta.

Cuando estamos bajo la presión de la resistencia y el ridículo, a menudo escogemos exactamente la solución incorrecta: redoblamos todos estos comportamientos porque nos parecen muy lógicos y correctos. Necesitamos una respuesta mejor, y muy distinta. Tenemos que tomar tiempo para dar un paso atrás, obtener algo de perspectiva, darnos cuenta de que estamos cavando un agujero incluso mayor con esas acciones, y profundizar en nuestra fuente de seguridad y significado. En vez de agachar la cabeza y atropellar a las personas que no están de acuerdo con nosotros, podemos alejarnos por un momento, hablar con un amigo o mentor para obtener una nueva perspectiva, y después rematar con una poderosa mezcla de humildad (no lo sabemos todo), amor (puede que estas personas actúen según sus propias inseguridades también) y fortaleza (respondo ante Dios, y Él se ocupará de mí).

En el proceso de reestructurar nuestra alma, necesitamos algunos buenos amigos. Amigos son esas personas que ven lo mejor en ti, y sacan lo mejor de ti. Puedes acudir a ellos sabiendo que te apoyarán cuando te queden pocas fichas. Los verdaderos amigos están de tu parte, pero están dispuestos a decirte cosas duras que no quisieras oír. No necesitamos personas que necesitan que les necesitemos, que llegarán corriendo a enmendarnos y mejorarnos. Necesitamos personas que sean perceptivas, honestas y que nos digan la verdad, por muy doloroso que sea oírla. Puede que deseemos irnos corriendo, pero un verdadero amigo nos ayudará a encontrar una manera de permanecer de pie. Nuestros amigos señalan nuestros mecanismos de defensa y patrones autodestructivos de pensamiento y acción. Puede que no nos ofrezcan consuelo, al menos al principio, pero necesitamos personas así que nos digan la verdad para poder aclarar nuestras decisiones.

Los amigos nos muestran que la oposición, e incluso el fracaso genuino, no es el fin del mundo. Nos recuerdan que nos hemos alistado en un programa educativo para aprender las lecciones más importantes de la vida. Todos los líderes recorren este camino de resistencia y ridículo, y los mejores llegan al otro lado más fuertes y más sabios.

¿Cómo podemos saber si hemos aprendido estas lecciones? Al menos un punto de referencia seguro es nuestra disposición a escuchar a las personas que solían molestarnos. Con una nueva profundidad de humildad, respetamos a quienes están en los escalones más bajos de nuestras organizaciones, y valoramos las opiniones de los que se oponen a nosotros, aunque no necesariamente estemos de acuerdo con ellas. Avanzamos hacia esas personas para poder involucrarles, e intentamos entender su punto de vista más que insistir en que ellos entiendan los nuestros. Para que esto ocurra, tenemos que callarnos, mirarles a los ojos y hacer muchas buenas preguntas. Escuchar a otros edifica confianza, así como insistir en nuestra propia manera erosiona la confianza. Puede que no les pongamos de nuestro lado en la discusión, pero al menos tenemos más probabilidades de que ambas partes se vayan de la conversación con menos ira, un poco más de entendimiento, y quizá una puerta abierta para la siguiente charla.

Wallace y Stevens fueron ingenieros ejemplares con trasfondos que les preparaban para sus roles de dirigir la obra del Canal, pero no pudieron manejar la resistencia y el ridículo del Congreso y los oficiales de la Comisión Ístmica del Canal. En el siguiente capítulo veremos que Roosevelt finalmente encontró al hombre correcto para ese trabajo.

PIENSA EN ESTO

Medita en estas preguntas y discútelas con tu equipo:

1. ¿Cuáles son algunos ejemplos de resistencia que has enfrentado como líder? ¿Cuáles son algunos ejemplos de ridículo que te hayas encontrado? ¿Cómo los manejaste?

2. ¿Crees que la oposición en ambas formas es inevitable para un líder? Explica tu respuesta.

3. Mira la lista de señales que afirman que estamos bajo la presión de la oposición. ¿Cuáles de ellas has experimentado? ¿Cuáles dirían tu cónyuge o tus amigos más cercanos que has experimentado? Describe el impacto sobre tu pensamiento, tu salud, tus relaciones y tu liderazgo.

4. ¿Quién es un amigo con el que puedas contar? ¿Quién es alguien que te dice la verdad? Si no tienes ninguna persona así en tu vida, ¿dónde podrías encontrarla?

5. Describe cómo una experiencia profunda del amor y el propósito de Dios es esencial si los líderes quieren evitar conductas de autoderrota, y aprender las lecciones que Dios quiere que aprendan.

Recuerda: El tamaño y la velocidad de una organización están controlados por sus sistemas y estructuras.

CAPÍTULO 8

¿CÓMO PUEDES CONSEGUIR QUE TUS SISTEMAS SE MUEVAN?

George Washington Goethals
BIBLIOTECA DEL CONGRESO

Después que John Stevens se quejó tanto que el secretario Taft decidió interpretar las quejas como una dimisión, Roosevelt necesitaba encontrar a alguien que pudiera terminar el canal. El presidente estaba amargamente decepcionado con Stevens, tan decepcionado que cuando Roosevelt escribió su autobiografía y describió los años de trabajo en el Canal, ni siquiera lo mencionó.

Roosevelt quería un ingeniero jefe con la misma brillantez y tenaz determinación que él tenía. Necesitaba a alguien que no sucumbiera ante la presión, que tuviera experiencia en ingeniería, habilidades de liderazgo y un firme compromiso a superar cualquier obstáculo. El secretario Taft conocía al hombre que podía recomendar. El coronel George Washington Goethals había pasado su carrera en el Cuerpo de Ingenieros del Ejército de los Estados Unidos. Comenzó como estudiante en West Point y se graduó como segundo de su clase. Tenía la misma edad que Roosevelt, quien se graduó con honores de Harvard el mismo año. Goethals trabajó bajo las órdenes del famoso general William Tecumseh Sherman en 1884 en Vancouver, Washington. Sherman creía que era el mejor oficial joven bajo su mando.

Un año después, Goethals se convirtió en instructor de ingeniería civil y militar en su alma mater. Tras cuatro años, regresó al campo y diseñó una presa para un río con el puente más alto jamás construido. En 1903 fue elegido para estar en la plantilla de trabajo del general del ejército. Su especialidad era las defensas costeras. Su labor fue dignificada, y vivía según las normas más elevadas de conducta ética y profesionalismo.

Mientras el coronel Goethals servía en la plantilla del general, el secretario Taft puso su mirada en él. Tras la dolorosa e irritante reunión de Taft con Stevens, recomendó a Goethals a Roosevelt como el sustituto de Stevens. Roosevelt invitó a Goethals a la Casa Blanca, y el presidente no desperdició el tiempo. Propuso la reorganización de la comisión del Canal, con Goethals asumiendo la doble posición de jefe de la comisión e ingeniero jefe, una combinación de roles que Stevens había recomendado anteriormente. La antes retorcida relación entre el ingeniero jefe y la comisión se resolvió al instante. En efecto, Roosevelt le estaba dando a Goethals la máxima autoridad como "Zar de la Zona", teniendo que dar cuentas solo a Taft y a él mismo.

Algunos historiadores han deducido que el coronel Goethals fue elegido porque Taft y Roosevelt querían que el ejército controlase el trabajo en el Canal, pero es más probable que estuvieran buscando un hombre de indiscutible dedicación a la tarea, y ese hombre resultó ser un oficial respetado en el ejército. Goethals se dedicó por completo a cumplir con su misión, a pesar de los retos que pudiera encontrar.

A Goethals no le importaba en absoluto la fama o el dinero. Se puso a trabajar de inmediato en el Canal, pero no antes de dar crédito a Stevens por los avances que había producido en su ejercicio como ingeniero jefe. Demostró ser demandante, pero justo. Su dignidad y compromiso quedaron filtrados hasta cada aspecto del trabajo y en cada ingeniero y trabajador. Se dio cuenta de que los miles de trabajadores necesitaban información, y que necesitaban ser escuchados.

Goethals comenzó un periódico semanal para compartir noticias de los Estados Unidos e informar del progreso del Canal. También creó una corte de apelaciones, con él mismo como el magistrado jefe. Presidía en su puesto cada domingo por la mañana para escuchar reclamaciones, grandes y pequeñas, de todo el que quería hablarle de algún problema. Como Moisés, se puso a disposición para escuchar a cualquiera de las cuarenta mil personas que había en nómina, al margen del papel, nacionalidad, etnia o la pequeñez de la queja. Pero Goethals nunca se dejó enredar en las peticiones. Cada semana, desde que llegó en 1907 hasta que se terminó el canal en 1914, las personas pudieron encontrarle y hablar con él los domingos por la mañana en su oficina.

Roosevelt necesitaba a las personas correctas en los papeles correctos. Taft era brillante, dotado y un amigo de confianza. En Goethals, él y Taft finalmente tenían al hombre correcto para cumplir el sueño de abrir un camino entre los océanos. ¿Quién fue el principal responsable de la construcción del Canal? Tres ingenieros jefe y tres presidentes trabajaron entre la revolución en Panamá y el día en que el primer barco atravesó el canal en 1914, pero Goethals destacó a un hombre. Él escribió: "El verdadero constructor del Canal de Panamá fue Theodore Roosevelt". El impacto de Roosevelt en la terminación del Canal no pudo haber sido más evidente "si él personalmente hubiera levantado cada palada de tierra en su construcción".[1]

TU ESCALERA

> Por muy bonitos que construyamos nuestros sistemas, nos sentiremos como si estuviéramos corriendo en el lodo si no tenemos a las personas correctas en nuestras estructuras.

En muchos aspectos, Theodore Roosevelt fue un ser humano sin igual, fuera de la norma, único en los anales de la historia. Sin ayuda de nadie, arrastró a los Estados Unidos hasta el siglo XX con una visión destacada, optimismo, energía, ingenio y tenacidad. Pero todos somos como él en una cosa importante: necesitamos encontrar a las personas correctas para que nos ayuden a cumplir nuestros sueños. Por muy bonitos que construyamos nuestros sistemas para alcanzar más tamaño y velocidad, nos sentiremos como si estuviéramos corriendo en el lodo si no tenemos a las personas correctas en nuestras estructuras.

Si los líderes tienen personas sin preparación sosteniendo sus escaleras, no podrán subir muy alto. Los que nos ayudan a subir dos metros por una escalera de mano puede que no sean los que puedan sostenerla de forma segura para que podamos subir siete metros en una escalera extendible. Y los que nos ayudan a subir siete metros puede que no sean los que tengan la fuerza, habilidad y compromiso para ayudarnos a subir por una escalera de quince metros. Incluso las personas fuertes y talentosas no son útiles si se distraen, se van, o peor aún, dan una patada a la base de la escalera para que se caiga. Al igual que Roosevelt, puede que incorporemos a personas que esperamos que sean las adecuadas para nuestro equipo, pero quizá nos decepcionemos. Nuestro éxito con la selección será, al menos en cierto grado, prueba y error, pero encontrar a los indicados es algo esencial. Nada más podrá lograrlo.

¿Cómo sabemos si alguien no es la persona indicada? Esta es una pista: si alguien en tu equipo dimite o amenaza con dimitir, ¡acéptalo! Cuando De Lesseps terminó, Wallace ocupó el puesto, pero no hizo mucho progreso. Cuando él se quejó demasiado tiempo y demasiado fuerte, Taft tomó su postura como una dimisión implícita. Stevens implementó importantes mejoras, pero él también sucumbió ante la presión. Taft interpretó las quejas de Stevens como su deseo de irse, y el secretario aceptó de inmediato la oferta implícita. La larga historia del Canal hasta este punto era una letanía de líderes brillantes que fracasaron miserablemente. Ahora las cosas serían distintas. Goethals era indudablemente el hombre adecuado para la tarea. En cada ocasión, las dimisiones condujeron al progreso. Cada vez, los sistemas y las estructuras mejoraron para que la organización pudiera ir más alto hacia las metas del tamaño y la velocidad. Cada dimisión creó tres cosas: un punto de crisis, una importante decisión para Roosevelt, y nuevas oportunidades de crecimiento.

A medida que las organizaciones avanzan, las personas escogidas para sostener la escalera quizá necesiten habilidades distintas, más formación, un trasfondo más extenso, perspectivas más amplias, mayor disciplina, mejores talentos para procesar y comunicar la información, y mayor compromiso con el líder y la visión de la organización. Esto no significa que las personas que trabajaron fielmente cuando la organización estaba creciendo no sean valiosas. Fueron el regalo de Dios para el líder y la empresa, iglesia u organización sin fines de lucro. Pero puede que no estuvieran equipados para sostener la escalera cuando el líder lleva a la organización más arriba.

No descartamos a esos hombres y mujeres fieles y comprometidos. En cambio, nos aseguramos de encontrar un lugar apropiado para sus talentos y su capacidad. En algún momento todos llegamos al límite de nuestra capacidad, así que los límites no son un fallo de carácter en modo alguno. Algunas personas quizá ya no estén más en nuestro equipo, pero pueden trabajar increíblemente bien al nivel que dejamos, donde otros líderes en nuestras organizaciones están subiendo más alto, solo que no tan alto como nuestra escalera. Es, creo yo, una máxima de liderazgo entender un principio sencillo, pero crucial, sobre alcanzar tu futuro deseado: los que te trajeron aquí puede que no sean los que te llevarán allí.

Los mejores líderes saben cómo sacar lo mejor de su personal, pero también entienden cómo reclutar y usar a personas de distintos trasfondos y disciplinas. Los dos primeros hombres en sostener la escalera de Roosevelt eran civiles. Wallace y Stevens eran muy buenos, pero ambos sucumbieron ante la intensa presión. Cuando Roosevelt escogió a Goethals, encontró un hombre que rehusó sucumbir. Aportó sus experiencias militares para moldear los sistemas y las estructuras existentes, y bajo su liderazgo el Canal consiguió el tamaño y la velocidad adecuados. Construir el Canal seguía siendo un proyecto civil, pero el entrenamiento militar de Goethals y su tenacidad marcaron la diferencia. Podríamos identificar bastantes diferencias entre Goethals y sus predecesores, pero voy a destacar algunas de las más importantes entre la cultura militar y la civil:

CULTURA MILITAR	CULTURA CIVIL
Se mueve rápidamente.	Se mueve lentamente.
Tiene una cadena de mando clara.	A menudo tiene una cadena de mando complicada.
Valora las decisiones rápidas.	Valora el análisis lento y metódico.
Tiene poca paciencia con los retrasos.	Espera retrasos.
Pocas palabras, mucha acción.	Hablar mucho antes de la acción.
Entrenar antes de la tarea.	Entrenar durante la tarea.
Por lo general se motiva con el deber y el honor.	A menudo se motiva con el interés propio.
Rápida para reemplazar la incompetencia.	Lenta para reemplazar la incompetencia.

Las iglesias, empresas y organizaciones sin fines de lucro no son las fuerzas armadas, pero al menos nos pueden servir bien para mirar las fortalezas de distintas culturas, y ver lo que podríamos aprender de ellas. Uno de los principios que podríamos aprender de la cultura militar es que hacerse de la vista gorda ante la incompetencia o una mala actitud conduce inevitablemente a un desastre más adelante.

No estoy insinuando que los líderes tengan que limpiar la casa y despedir a todas las personas de sus equipos cada algunos años, pero estoy recomendando que los líderes evalúen de vez en cuando la capacidad de cada persona del equipo. A medida que la escalera va subiendo, el líder puede bosquejar claramente las descripciones de trabajo de quienes sostienen la escalera para la siguiente extensión, y dar una opción a cada persona del equipo. Algunos escogerán adquirir mayores habilidades y ampliar su capacidad, pero algunos no podrán o no querrán, así que tienen que ser amablemente reasignados a un papel donde ellos encajen. En una mesa redonda sobre liderazgo, alguien citó una de las novelas del difunto *Dune*: "La capacidad de aprender es un regalo. La habilidad de aprender es una destreza. La disposición a aprender es una decisión".[2]

Cuando hablo con pastores, directores de organizaciones sin fines de lucro y líderes empresariales, me doy a entender con menos talento artístico. Les digo que todos los miembros de la plantilla tienen que saber esto: "Si no creces, tienes que irte". Es un poco directo, pero se entiende bien.

Nunca es un misterio quién tiene que irse y ser reemplazado en cualquier organización. Cuando me reúno con equipos de liderazgo sobre la necesidad de que cada persona del equipo esté creciendo para poder sostener una escalera más alta, a menudo hago esta pregunta: "Si pudieras entrar en la oficina mañana y despedir a una persona, y no tuviera consecuencia alguna para ti o la organización, ¿sabes a quién despedirías?". Aún no he encontrado ningún líder que no me dijera al instante: "¡Por supuesto!".

Toda organización tiene alguien (o más de un alguien) que es obviamente un freno en la cultura, las relaciones y la eficacia del equipo, y ha sido un freno durante mucho más tiempo del que nadie quisiera admitir. No hay que ser un especialista en Recursos Humanos para saber quién es esa persona. Si los líderes no actúan para confrontar primero a esa persona y ofrecerle la oportunidad de mejorar, y si no hay cambio al despedir a esa persona, todas las demás personas del equipo tienen derecho a preguntarse: "¿Verá el líder lo que nosotros vemos? Si lo ve, ¿por qué no hace algo al respecto?".

> Cuando los líderes no toman decisiones difíciles sobre las personas que son un freno en sus equipos, pierden la equidad de liderazgo con el resto del equipo.

No se necesita mucho tiempo para que la confianza se erosione cuando los líderes son demasiado tímidos a la hora de emprender la acción necesaria. Cuando los líderes no toman decisiones difíciles sobre las personas que son un freno en sus equipos, pierden la equidad de liderazgo con el resto del equipo. Cada decisión sube o baja la equidad del líder, y negarse a tratar el elefante en la sala hace un gran agujero en el cubo. En ese punto la equidad no se filtra; sale a raudales.

UN PROCESO ANTES DE UNA DECISIÓN

Roosevelt y Taft les dieron a Wallace y Stevens todos los recursos y oportunidades posibles, pero cuando estos ingenieros se dedicaron a quejarse más que a buscar nuevas soluciones a los problemas, Roosevelt y Taft tomaron las difíciles decisiones de sustituirlos. Stevens era más competente que Wallace, pero no pudo sostener la escalera de Roosevelt lo suficiente. En ambas ocasiones, Roosevelt y Taft consideraron cuidadosamente la situación, pero no se retrasaron a la hora de hacer el cambio. La visión de terminar el canal les hizo ser intransigentes para exigir la excelencia de su ingeniero jefe.

No somos insensibles cuando exigimos crecimiento de nuestro personal a medida que nuestra escalera se extiende más y más. Solo estamos siendo razonables con el hecho de que una visión más grande exige mayor destreza y capacidad de los miembros de nuestro equipo. Alguien que pilotea un Cessna de un solo motor y uno que pilotea un 777 son ambos pilotos, pero tienen destrezas y capacidades distintas. Si una empresa compra el último *software* en contabilidad, debe formar a su personal, o encontrar personas nuevas, para sacarle el máximo rendimiento.

En las iglesias, este principio sirve para los líderes de alabanza, coordinadores de mini grupos, administración, sistemas de sonido, ministerios estudiantiles, ministerios de hombres y mujeres, y todos los demás aspectos de la vida y el crecimiento de la iglesia. En las empresas, se aplica a la producción, mercadeo, distribución, y todos los elementos bajo estos encabezados. En cada terreno concebible, es una necedad diseñar magníficos sistemas y no anticipar la necesidad de crecimiento en las personas, la estructura organizacional, para hacer que el sistema funcione. Cuando no anticipamos el crecimiento necesario para que nuestro personal use sistemas ampliados, les preparamos para el fracaso y creamos dolores de cabeza para nosotros mismos. ¡Esa no es una receta para el éxito!

> Necesitas personas que sostengan la escalera en un nivel más alto de competencia, talento y ejecución, si quieres subir más alto.

Mientras lees este capítulo, estoy seguro de que estás pensando en personas maravillosas con las que has estado durante años. Han sido fieles y leales, y han puesto sangre, sudor y lágrimas en su trabajo. Han demostrado ser trabajadores competentes, y se han convertido en amigos de confianza. Es inconcebible entrar y sencillamente despedirlos, y quiero asegurarte que no es eso lo que estoy recomendando.

Sabes que necesitas personas que sostengan la escalera en un nivel más alto de competencia, talento y ejecución, si quieres subir más alto. La solución es instituir un buen proceso antes de que tengas que tomar decisiones difíciles. Voy a ofrecer algunas sugerencias para este proceso:

Pregúntate: "Como líder de esta persona, ¿cómo puedo ayudarle a crecer en conocimiento, habilidades y pasión?".

Uno de tus principales papeles es equipar y empoderar a quienes lideras. ¿Cómo estás desarrollando este papel? Equipar a personas conlleva entrenamiento de habilidades, pero es más que eso. Equipamos a las personas para ver su contribución única a la visión mayor para que estén altamente motivados cada día. También les equipamos para comunicarse bien con el resto del equipo y en sus esferas de influencia. Les equipamos para mejorar hacia arriba y hacia abajo de la cadena de mando, y con todos sus iguales. Les empoderamos con una dirección y autoridad claras para que hagan sus trabajos, sin que se sientan abandonados o dirigidos en todos los detalles.

¿Cuáles son los recursos que estás empleando en esas personas para ayudarles a crecer? ¿Tienes un plan de desarrollo para cada miembro del equipo, o esperas que obtengan las nuevas habilidades por sí mismos? Nuestra tarea es ayudarles a crecer tanto personal como profesionalmente. Las dos esferas están siempre íntimamente conectadas.

¿Tienen mentores las personas de tu equipo? ¿Están esos mentores inspirándoles y desafiándoles a crecer? ¿Cuándo fue la última vez que pediste a las personas de tu equipo que describieran el impacto de sus mentores? Los mentores no son opcionales, porque las personas sin mentores están destinadas a estancarse en su crecimiento.

> Los grandes líderes son activos en cuanto a desarrollar a las personas en sus equipos para que se inspiren y realicen personalmente, y así obtengan las habilidades que necesitan para el siguiente nivel del crecimiento de la organización.

¿Cuáles son los embudos en tu organización que bloquean la comunicación, sofocan la creatividad y crean confusión y frustración? Cada organización los tiene. ¿Cuáles son los tuyos? Por ejemplo, ¿qué métricas se discuten en cada reunión de equipo? ¿Estás demasiado enfocado en las metas y tareas, y poco enfocado en inspirar a las personas y crear una cultura vibrante? ¿O estás tan enfocado en los intangibles de la cultura que las personas no saben qué se espera de ellos?

¿Cómo facilitas el trabajo en red para cada persona del equipo? ¿Les estás presentando a líderes destacados que tú has conocido? ¿Qué libros les estás animando a leer? ¿Qué conferencias les estás pagando para que asistan? ¿Cómo les estás ayudando a estar al día de las tendencias actuales en sus papeles? ¿Quiénes son los líderes que están presagiando el cambio? ¿Cómo estás conectando a tu personal con las personas con más experiencia y conocimiento en sus campos?

Los grandes líderes no vuelan con el piloto automático. Son activos en cuanto a desarrollar a las personas en sus equipos para que se inspiren y realicen personalmente, y así obtengan las habilidades que necesitan para el siguiente nivel del crecimiento de la organización.

Evalúa a los supervisores de tu organización

Dedica tiempo a interactuar individualmente con personas de todos los niveles de tu estructura, y haz una sencilla pregunta: "¿Cómo te llevas con tu supervisor?".

En la mayoría de los casos, el viejo dicho es cierto: las personas dejan su jefe, no su trabajo. Algunos de los factores que conducen a los empleados a renunciar e irse están directamente relacionados con "malos jefes": sobrecargan de responsabilidades a las personas y esperan lo imposible; demandan puestas al día de cada detalle de un proyecto; fallan a la hora de dar una supervisión adecuada y recursos para que los empleados hagan su trabajo; y dejan que otros empleados envenenen el entorno del lugar de trabajo.

Si no preguntas, quizá nunca conozcas la influencia que tienen las personas en sus funciones de liderazgo sobre los hombres y las mujeres que trabajan en sus equipos. Evalúa la influencia de todos los supervisores: ¿Qué tipo de entorno están creando? ¿Cómo están proveyendo recursos, inspiración y entrenamiento? ¿Cuál es el estado de ánimo de las personas varias capas más abajo del organigrama organizacional? Haz de todos tus supervisores las mismas preguntas que te haces a ti mismo.

Comunica mucho y no supongas nada

Demasiados líderes están tan consumidos con los asuntos de alto nivel que no están muy en contacto con las personas de incluso un nivel más inferior del organigrama organizacional, y mucho menos con los nombres en las cajas al final de las líneas, los hombres y las mujeres que conectan con los visitantes cuando entran por las puertas y los clientes cuando llaman para pedir algo.

Los mejores líderes apartan tiempo para caminar por los pasillos, detenerse y hablar, y llegar a conocer a las personas de las oficinas más lejanas, fuera en el campo y en el estacionamiento. Estos líderes entienden que una conexión personal conlleva tiempo, pero puede que sea la mejor inversión que pueden hacer para producir una organización saludable llena de personas que están apasionadas con cumplir la visión.

Haz de los planes personales de mejora, el procedimiento operativo estándar para tu organización

El desarrollo personal y profesional raras veces sucede porque sí. Casi siempre, este nivel de mejora es el producto de una planificación intencional y un riguroso compromiso de los líderes *y* los que están siendo desarrollados. Esto requiere que los supervisores se conviertan en coaches que están activamente involucrados en las vidas de otros, en vez de tan solo decirles qué hacer y demandar cumplimiento.

Estos cuatro compromisos ayudan a los líderes a cerrar la brecha entre el actual desempeño de sus empleados y el nivel más alto de competencia que necesitarán para el futuro. Es un proceso exhaustivo, uno que promete las mejores relaciones, la comunicación más clara y la mayor esperanza de un crecimiento real para cada persona del equipo.

Con mucha frecuencia, especialmente en grandes organizaciones, he visto a líderes superiores que están creciendo rápidamente en su entendimiento, habilidades y capacidad, pero los miembros de su plantilla ejecutiva no invierten tiempo en el crecimiento personal y profesional porque están muy ocupados intentando seguir el ritmo. Hay una "brecha de crecimiento" entre el líder superior y el equipo. Las personas del equipo no están pensando en aumentar su capacidad; ¡solo están intentando hacer hoy un millón de cosas! La solución es doble: los líderes superiores tienen que invertir tiempo y recursos en su equipo ejecutivo, y los miembros del equipo tienen que sacar tiempo de sus apretadas agendas para aprender y crecer. De nuevo, esto no es negociable. Es esencial si los líderes quieren subir más arriba y si sus equipos quieren evitar el agotamiento.

CREAR UN ENTORNO DE COLABORACIÓN

La mentoría y el entrenamiento individual son importantes, pero nuestros esfuerzos por equipar a nuestra plantilla funcionan mejor si las personas están prosperando en un entorno de colaboración. Somos animales sociales. Sí, muchas personas son introvertidas en los perfiles de personalidad, pero eso no significa que no les importen las personas y que no las necesiten. Solo significa que obtienen más energía haciendo actividades solos o con una persona o dos. Dios nos ha hecho de tal forma que nadie puede prosperar sin tener conexiones humanas significativas. Como líderes, una de nuestras principales tareas es proporcionar el tipo de conexiones relacionales que inspiren a las personas en vez de desanimarlas. Voy a bosquejar unas cuantas actividades que los líderes pueden usar para formar relaciones fuertes en un equipo. En cada reunión de equipo, saca tiempo y ve preparado para dirigir al equipo para hacer lo siguiente:

- *Recordar y renovarse mediante la gran visión* para la iglesia, empresa u organización sin fines de lucro. Somos profundamente humanos, y es fácil perder de vista el para qué y por qué existimos. No tienes que repartir panfletos que vuelvan a presentar la organización a tu personal, pero sería útil decir regularmente: "Recordemos cómo llegamos a este punto hoy", y recordar a las personas por qué se levantaron y fueron a la oficina esa mañana. Puede ser que tampoco te venga mal a ti recordarlo.
- Saca tiempo suficiente para *hacer lluvia de ideas sobre temas importantes*. Siempre tenemos más detalles que cubrir que tiempo, pero los grandes equipos no prosperan con los detalles que nublan la mente. Prosperan cuando tienen tiempo para soñar, para imaginar, y para lanzarse ideas unos a otros. Esto requiere tiempo, pero envía un mensaje alto y claro de que valoras la contribución de todos.
- *Crear un entorno de "el hierro se afila con el hierro"* (Proverbios 27:17). La competencia puede ser destructiva o constructiva. La envidia y los celos amenazan seriamente la cohesión de un equipo, o un matrimonio o cualquier otra relación importante, pero la presión sincera de los iguales anima a las personas a poner de sí lo mejor. ¿Cómo puedes distinguir la diferencia? Es fácil. ¿Cómo responden otros cuando alguien tiene éxito o fracasa? Si subestiman el éxito y la gloria en el fracaso, es tóxico. Si animan el éxito de otros y les consuelan cuando fracasan, es maravillosamente útil.
- Encuentra formas de elogiar específicamente los esfuerzos de cada miembro del equipo *ayudando al equipo a trabajar de forma colaborativa*. Los equipos estancados y conflictivos encuentran formas de sabotear el trabajo de los demás, pero las personas que viven y trabajan en un entorno de apoyo encuentran formas de ayudar al otro a lograr sus metas.

¿Por qué las personas de tu equipo van a trabajar cada día? ¿Qué hace que los ojos les brillen? ¿Qué saca lo mejor de ellos? Los líderes y los miembros excepcionales de los equipos de liderazgo no hacen lo que hacen por dinero, fama o poder. Trabajan duro y animosamente, haciendo frente a sufrimientos y superando obstáculos, porque creen en dos verdades indiscutibles: la organización da sentido a sus vidas, y las personas con quienes trabajan son personas honorables que valoran lo mismo. Cualquier cosa menos que esto conduce a ir a la deriva, la apatía, proteger mi parcela, y la variedad de colores oscuros del temor, la envidia y el rencor.

Cuando planifiques reuniones de equipo, ten estas cuatro actividades en mente. Mantenlas en tu área de trabajo para que te asegures de incluirlas en la lista de temas a cubrir. Por supuesto, tendrás que encontrar el equilibrio correcto entre crear un entorno de apoyo y cubrir todos los detalles de tu lista, pero inclínate hacia crear el entorno.

En Goethals, Roosevelt finalmente encontró al hombre que necesitaba para sostener su escalera. Ahora el nuevo ingeniero jefe del canal podía dedicar su considerable experiencia a crear los sistemas y las estructuras que cumplirían la misión.

PIENSA EN ESTO

Medita en estas preguntas y discútelas con tu equipo:

1. Si eres el líder principal, ¿tienes a las personas adecuadas para sostener tu escalera? ¿Cómo lo sabes? Si eres un miembro de equipo a cargo de una responsabilidad importante en tu organización, ¿tienes a las personas adecuadas para sostener tu escalera? Explica tu respuesta.

2. Si pudieras despedir a una persona de tu organización sin temor a ninguna consecuencia, ¿sabes quién sería? Si tienes una discusión de grupo y esa persona está en la sala, puedes ser valiente o pasar por ahora. Si decides pasar, ¿cuál es tu plan para hablar con esa persona o con tu supervisor?

3. Mira de nuevo las cuatro partes del proceso descrito en la sección titulada "Un proceso antes de una decisión". ¿Cuáles de ellas estás haciendo

bien? ¿Cuáles podrían mejorar? Sé específico con respecto a los cambios que tienes que implementar.

4. En una escala de 0 (terrible) a 10 (maravilloso), evalúa lo bien que has creado un entorno de colaboración para tu equipo. ¿Cómo evaluaría tu plantilla a ti y a tu equipo? Explica la respuesta.

5. ¿Quiénes son los que mejor sostienen tu escalera en tu organización? ¿Cuáles son algunos pasos que puedes dar para celebrarles, desarrollarles y encontrar a otros nuevos?

Recuerda: El tamaño y la velocidad de una organización están controlados por sus sistemas y estructuras.

CAPÍTULO 9

¿CÓMO PUEDES UTILIZAR A PERSONAS CON TALENTOS DIFERENTES?

En febrero de 1907 George Washington Goethals llegó a Panamá y evaluó los sistemas y las estructuras existentes en el lugar de la construcción. Se dio cuenta de que muchos de ellos eran eficaces y efectivos, pero eran necesarios algunos cambios importantes. El tamaño de los barcos más grandes que se construían en ese entonces no cabía en las esclusas según estaban diseñadas en ese momento. El barco de guerra *Pennsylvania* tenía una manga de 98 pies (30 metros) y el *Titanic* se estaba diseñando con 94 pies (28,5 metros) de ancho, así que Goethals aumentó el ancho de las esclusas de 95 pies (29 metros) a 110 pies (34 metros).

Tres hombres de pie sobre las puertas de una esclusa

BIBLIOTECA DEL CONGRESO

Las rocas y los aludes de tierra en Corte Culebra preocupaban a Goethals. Se dio cuenta de que los actuales planes podrían posiblemente, si no probablemente, provocar desprendimientos que llenarían el canal y cerrarían el transporte por barco durante meses cada vez. Su nuevo plan ensanchaba la base del corte por la mitad nuevamente, de 200 a 300 pies (60 a 90 metros), lo cual significaba más tierra y roca que había que excavar del proyecto de movimiento de tierra más grande del mundo. Goethals también entendió que necesitaba mejorar el puerto en el lado del Pacífico para impedir que el cieno atascara la entrada. Estos y muchos otros cambios eran necesarios para que el Canal siguiera abierto bastante tiempo después de que el primer barco viajara de mar a mar.

Para clarificar las responsabilidades y la estructura de reporte, Goethals dividió el trabajo en tres regiones geográficas: la División Atlántica, desde el océano a las esclusas de ese lado; la División Pacífica, desde el mar hasta las esclusas de ahí; y la División Central, que consistía en todo lo que quedaba entre medio.

Quizá el mayor cambio bajo Goethals fue crear una cultura de excelencia y tenacidad. Seguía siendo un proyecto civil, pero el nuevo hombre al mando era un oficial militar que creía en la obligación, el honor y el país. Para Goethals, el fracaso no era una opción, y abandonar no estaba permitido. Nombró a ingenieros y líderes destacados como responsables de cada aspecto de la construcción en sus divisiones. Seleccionó ingenieros del ejército para unas cuantas posiciones clave, e incluso los ingenieros civiles que seleccionó tenían experiencia trabajando junto a ingenieros militares en grandes proyectos de construcción en los estados donde habían adquirido la misma dedicación.

Se usaron tres elementos acuáticos en la construcción: los dos océanos, el represado y amansado río Chagres, y un agrandado Lago Gatun que permitía que los barcos tuvieran una zona ancha para navegar en el centro del istmo.

Con diferencia, el mayor desafío del proyecto era excavar el Corte Culebra, el cual estaba en la División Central. Para esta difícil tarea, Goethals escogió al comandante David du Bose Gaillard, un hombre de excepcional destreza. El oficial ejecutivo de Gaillard no era un oficial militar. Louis Rourke había estado a cargo de la excavación en el Corte Culebra con Stevens, y a Goethals le gustó lo que vio en su liderazgo.

El Canal pasaba por el intimidante paisaje de altas colinas rocosas cerca del lado Pacífico del istmo. La obra en el Corte Culebra cautivó la imaginación del público. Sin importar lo que estuviera ocurriendo en los puertos, las presas o las esclusas, la cicatriz masiva creada por excavadoras de vapor gigantescas en Culebra estaba siempre en la mente de todos. Políticos y decenas de miles de turistas viajaban a Panamá y tomaban trenes especiales hasta un punto de observación donde se maravillaban de la compleja y ruidosa obra de hombres, excavadoras y trenes. Explosiones de dinamita producían agujeros en la roca, y las excavadoras de vapor movían miles de toneladas de escombros hasta los vagones de trenes que esperaban. Los trenes se movían con asombrosa regularidad, de modo que las excavadoras nunca se detenían.

Las estadísticas eran asombrosas. Se usaron sesenta millones de libras (27 millones de kilos) de dinamita, y 160 trenes al día llevaban los despojos a vertederos a 23 millas (37 kilómetros) de distancia del Corte. Parte de la arena y de las piedras se usaba para construir los diques en el río Chagres, pero la mayor parte simplemente se desechaba en decenas de lugares. Las vías se tenían que cambiar constantemente para que estuvieran lo más cerca posible de las excavadoras. En un solo mes, marzo de 1909, sesenta y ocho excavadoras a vapor retiraron más de un millón y medio de metros cúbicos de roca y tierra. La cantidad total retirada en Culebra fue de setenta y tres millones de metros cúbicos, rebajando las colinas a 40 pies (12 metros) sobre el nivel del mar, que es el fondo del Lago Gatun. En mayo de 1913 las excavadoras a vapor cavaron hasta ese nivel; el Corte finalmente estaba terminado.

Las enormes esclusas y las poderosas puertas eran maravillas de ingeniería por sí solas. Más de un millón y medio de metros cúbicos de cemento se usaron en la construcción, por mucho el mayor uso de material en un solo proyecto hasta que se usó el doble de esa cantidad en la Presa Hoover en la década de 1930. Se diseñaron tres conjuntos de esclusas dobles en cada lado del Canal para que el tráfico pudiera discurrir en ambas direcciones. Las imponentes puertas sostenían el agua mientras el nivel subía y bajaba. Cada una tiene más de dos metros de grosor, y la más grande pesa 662 toneladas.

Goethals evaluó cuidadosamente el estado del proyecto cuando llegó, retuvo a las personas que demostraron capacidad, y encontró nuevos líderes que pudieran ser parte de su exitoso equipo. La complejidad y los retos no cambiaron cuando él tomó el mando, pero demostró ser un tipo de líder distinto: un líder que tenía una visión sencilla y clara, y que usó todos los recursos disponibles para lograrla.

COMPLEJIDAD Y DIVERSIDAD

Los líderes mediocres juntan a su alrededor personas que son espejos, reflejando solo lo que el líder piensa, dice o hace. Pero los líderes dotados conocen el valor, y el lío de la complejidad y diversidad en sus planes y en quienes sostienen su escalera. Goethals entendió que la terminación del proyecto le exigía utilizar tres elementos acuáticos distintos, crear tres divisiones distintas y seleccionar tres líderes cuyo talento y carácter encajaran con el suyo. La cultura de cualquier organización dinámica es abundante en diferentes perspectivas, habilidades y entornos, pero los grandes líderes mueven a todos a la acción para lograr la misión única.

Muchos líderes valoran la diversidad, pero no han expresado claramente su valor a su personal. Algunos suponen que la diversidad es el color de la piel, etnia, nacionalidad, estatus socioeconómico o edad, pues a fin de cuentas, esas son las diferencias más visibles entre nosotros, pero la verdadera diversidad se encuentra en los matices multicolores de cómo las personas perciben y piensan. Nuestras percepciones moldean lo que valoramos, cómo analizamos los retos, cómo perseguimos las oportunidades, cómo nos relacionamos con otros, y cómo nos comunicamos con respecto a todas estas cosas.

Es fácil detenerse en las diferencias superficiales y no sintonizar con las ideas de quienes parecen ser distintos a nosotros. Por ejemplo, yo soy de la generación *Boomer*, pero la mayoría de las personas de mi equipo son de la generación *Millenial*. Yo monto oficinas para ellos, pero ellos no van allí. Yo organizo calendarios para ellos, pero ellos logran hacer más cosas de camino. Yo intento vestirme apropiadamente para las personas de mi generación, pero a ellos no les importa la ropa o se cuidan mucho de verse como si no les importara. Si intentara forzarles para llevarles a mis expectativas, ambos estaríamos muy frustrados. Tenemos las conversaciones más productivas y logramos hacer más cuando todos nos damos cuenta de que ser diferente no es un error. De hecho, si miramos más allá de las diferencias superficiales, tenemos mucho más en común de lo que imaginamos.

¿Cómo sabemos si somos demasiado exclusivos o si verdaderamente valoramos la diversidad? Podría ayudarnos pensar en estas preguntas: ¿Hacemos dos o tres preguntas de seguimiento para explorar lo que las personas quieren decir verdaderamente, o rápidamente les tachamos si no están de acuerdo al instante con nosotros? ¿Involucramos a las personas a nivel personal o solo vemos su productividad? ¿Disfrutamos de las conversaciones que empujan nuestros límites y nos fuerzan a mirar algo desde un ángulo distinto? ¿Mostramos un respeto genuino por las ideas y percepciones de otros, dándoles papeles importantes en vez de tareas para mantenerlos ocupados? ¿Confiamos en los jóvenes para añadir valor a las personas mayores del equipo, o los mayores subestiman sus aportaciones?

La mayoría de los líderes que conozco insistirían diciendo: "¡Yo valoro la diversidad! No es un problema en absoluto". Pero cuando hablo con algunos de los miembros más jóvenes de su equipo, oigo una historia distinta. La cuestión no es si los líderes *quieren* ser inclusivos y *quieren* que sus equipos sean diversos, sino si las personas con ideas distintas se *sienten* valoradas. Cuando los líderes respetan a las personas de su equipo, los miembros clave lo saben. Todos tenemos nuestra antena bien sintonizada para captar los mensajes que nos llegan cada minuto de cada día. Detectamos la genuinidad y la falsedad, y los jóvenes tienen receptores especialmente sensibles.

Cuando escogemos a una persona joven para dirigir un equipo de personas mayores, tenemos que configurar al líder para el éxito. Podemos decirle al equipo: "Estoy eligiendo a Sara para dirigir este equipo. Sé que es la persona más joven del equipo, pero creo que tiene una perspectiva única que les ayudará a tener éxito. Es un poco más optimista que algunos de ustedes, así que escuchen atentamente sus ideas. Serán un gran equipo". Nuestra validación, nuestra validación *pública*, da al joven líder un balón de oxígeno para tomar la iniciativa.

> Las diferencias pueden ser la mayor fortaleza de un equipo.

Los jóvenes son por naturaleza optimistas e idealistas, pero se pueden volver cínicos rápidamente cuando no se sienten afirmados. Cuando me reúno con miembros jóvenes de plantillas, les digo lo mucho que los valoro tanto a ellos como sus perspectivas, pero también explico que cuento con ellos para que tomen la iniciativa de involucrarse y entender a las personas mayores de su equipo. La responsabilidad de una buena comunicación funciona en ambos sentidos.

Goethals reconoció las distintas contribuciones de los océanos, el río y el lago para la terminación del Canal, y comunicó la importancia de estas diferencias para que los ingenieros de cada división entendieran cómo coordinarse unos con otros. Del mismo modo, los líderes en iglesias, empresas y organizaciones sin fines de lucro tienen que comunicarse de manera creativa, plena, y a menudo para asegurarse de que cada persona del equipo entienda el valor de la diversidad en la percepción. Las diferencias pueden ser la mayor fortaleza de un equipo si el líder explica el poder de las contribuciones únicas, o pueden crear silos y divisiones. El líder es el responsable de crear un entorno positivo donde las ideas se comparten libremente sin un acuerdo demandante.

ADOPCIÓN CIEGA

Es inspirador oír acerca del éxito de otra iglesia, empresa u organización, pero adoptar la estrategia de otra persona raras veces funciona muy bien, a menos que el líder se tome el tiempo de entender la cultura organizacional donde se produjo el éxito. La idea ciertamente no está mal, pero los líderes tienen que hacer más trabajo de pala para desenterrar las presuposiciones subyacentes donde la idea tuvo un éxito salvaje.

Por ejemplo, la iglesia coreana explotó hasta casi la mitad de la población del país en solo unas décadas. Muchas personas de Occidente viajaron para ver el fenómeno, y vieron a los coreanos levantarse en mitad de la noche y caminar hasta montañas cercanas para tener largas vigilias de oración. Algunos pastores en Occidente supusieron que esas vigilias eran la clave del crecimiento de la iglesia, pero cuando las probaron en América, no vieron los mismos resultados. Algunas prácticas funcionan en una cultura y no en otra. Los programas en raras ocasiones se exportan muy bien, pero la mayoría de los paradigmas son universales. Incluso en los Estados Unidos, los programas que funcionan bien en el Cinturón de la Biblia puede que no sean tan eficaces en regiones donde menos personas asisten regularmente a la iglesia, como el noreste y el noroeste.

GENIO

Goethals no intentó forzar los principios de ingeniería que funcionaron en los proyectos del océano para aplicarlos en el Lago Gatun o en el río, y tampoco supuso que lo que funcionó en Culebra era necesario hacerlo también en las junglas o en los puertos. Él observó detenidamente las características de cada parte del proyecto, y confeccionó su estrategia para cada uno. Lo genial de Goethals fue su habilidad para valorar las contribuciones de una amplia variedad de personas y trabajar juntos para conseguir las mejores soluciones. Minimizó los riesgos escogiendo personas dotadas y dedicadas para dirigir cada sección del proyecto, proveyendo recursos a tiempo, y manteniéndose informado del progreso en los tres entornos y en las tres divisiones.

Con demasiada frecuencia, los líderes subconscientemente buscan personas que sean como ellos para sus equipos directivos o para contratarlas. No tienen la intención de ser estrechos, pero lo son. Si tenemos el valor de admitir nuestra propensión a seleccionar personas que coherentemente validan nuestra cosmovisión y nuestros valores, podemos entonces escoger ensanchar nuestro alcance e incluir a personas que sean un poco distintas a nosotros.

> Cada decisión que toma un líder es una proposición de valor sopesada contra el manejo del riesgo.

Por ejemplo, si un líder se crió en un hogar relativamente acomodado, quizá tenga un riesgo de tolerancia alto para pedir prestado dinero para un gran proyecto. Una persona en su consejo directivo, sin embargo, que se crió en pobreza puede que tenga un riesgo muy bajo de tolerancia. La reticencia del miembro del consejo a pedir prestados millones de dólares puede parecer una falta de fe para el líder, pero simplemente está poniendo sobre la mesa experiencias de la vida a considerar en el proceso de toma de decisiones. Tanto el que asume riesgos como el que evita asumir riesgos se beneficiarán de entenderse a sí mismos y el uno al otro. Sin este entendimiento, las suposiciones negativas son casi inevitables, y el conflicto es ineludible. Pero el entendimiento abre puertas a conversaciones maravillosas y mejores decisiones. De hecho, cada decisión que toma un líder es una proposición de valor sopesada contra el manejo del riesgo.

El valor que el líder da a la diversidad se muestra no solo en las grandes decisiones, sino también en las pequeñas. Por ejemplo, la mayoría de líderes son procesadores verbales. Cuando mejor piensan es cuando hablan, así que en una reunión ellos lanzan ideas con entusiasmo. También valoran intuitivamente a otros que se unen a ellos en el proceso, miembros del equipo que hablan con ellos sobre conceptos y planes. Pero puede que haya una persona en el equipo que no procesa las cosas verbalmente. De hecho, esta persona hace su mejor trabajo en privado cuando no hay distracciones. Si el líder no entiende este rasgo y lo valora, puede que se enoje calladamente y se pregunte: "¿Qué le pasa? ¿No quiere ayudarnos a resolver esto?". Cuando llega el momento de asignar un proyecto, ciertamente no quiere dárselo a la persona que no participó en la discusión. Se lo asigna a una de las personas verbales, una que ha creído que es un verdadero jugador de equipo.

El problema, sin embargo, no reside en la persona callada; es un problema del líder porque no se da cuenta del valor de su callado proceso de análisis. Esta persona se queda marginada porque el líder no entiende su gran fortaleza que es tan distinta a la de él. Sería mucho mejor si, en medio de la conversación con el equipo, el líder se dirigiese a ella y dijera: "Sé que te gusta tener tiempo y espacio para pensar en estas cosas. Realmente valoro lo que piensas. ¿Podrías dedicar un tiempo a considerar todo esto y regresar para decirme lo que piensas?". De esta forma, no hay "buenas personas" y "malas personas" en el equipo, no hay propios y extraños. Todas las personas del equipo entienden que pueden ser distintas y aun así ser valoradas.

ENSANCHA TU CANAL

> Los líderes más dotados creen fervientemente que los beneficios de la diversidad superan el costo.

Está en la naturaleza humana gravitar hacia quienes son como nosotros. Por eso Detroit tiene más árabes que ninguna otra ciudad fuera de los países musulmanes, por eso Chicago tiene más personas de descendencia polaca que cualquier otra ciudad fuera de Polonia, y por eso

Durban, en Sudáfrica, tiene más personas de India que cualquier ciudad más allá de las fronteras de India. Lo parecido atrae, y más importante aún, la compartimentación se produce porque se necesita tiempo, energía e intención para conectar con personas que no son como nosotros. Muchos de nosotros creemos intuitivamente que no vale la pena el esfuerzo, pero los líderes más dotados creen fervientemente que los beneficios de la diversidad superan el costo.

Líderes, vayan más allá de lo que es cómodo y familiar para ustedes. Reconozcan los talentos y percepciones ocultos de las personas que no son como ustedes.

Para conseguir más tamaño y velocidad, los líderes necesitan ensanchar sus canales. Para ensancharlos, tienen que pensar de forma más expansiva. Para pensar así, necesitan equipos diversos y creativos que estiren su mente y su corazón. El cambio requiere valor.

Líderes, vayan más allá de lo que es cómodo y familiar para ustedes. Reconozcan los talentos y percepciones ocultos de las personas que no son como ustedes. Aliéntenlos, afírmenlos y apunten sus contribuciones. A medida que escuchan varias voces alrededor de la mesa, ampliarán su alcance, afilarán su producto, y elevarán la calidad de sus servicios.

Ya sé que el concepto de valorar la diversidad de tu equipo de liderazgo no es nuevo para ti. Ya lo crees. Mis preguntas son: ¿Cuán bien estás demostrando que lo crees? Cuando las personas miran a tu equipo, ¿reconocen al instante que son un grupo diverso de personas que trabajan mucho para mezclar sus diferentes perspectivas para un bien común? ¿Cómo describiría un consultor de liderazgo la diversidad creativa de tu equipo? ¿Cómo describe el conserje a tu equipo? ¿Cómo describen a tu equipo las personas que llegan de visita? Cuando contratas a alguien, ¿buscas a una persona que refleje los pensamientos y percepciones prevalecientes, o intentas encontrar a alguien que añadirá un nuevo punto de vista? No estoy sugiriendo que contrates a una persona discutidora y desafiante. En absoluto. Pero puede ser maravillosamente estimulante incorporar a alguien que tenga la perspicacia y seguridad para ofrecer una perspectiva distinta, sin insistir en que todos tengan que estar de acuerdo con la postura.

Un líder que valora la diversidad necesita más tiempo para la interacción antes de poder tomar decisiones, pero este tipo de equipo del líder por lo general toma mejores decisiones que los equipos homogéneos.

Toma decisiones deliberadas y conscientes para ser más diverso en la composición de tu equipo de liderazgo, tu consejo directivo, las personas que hay en tu plataforma, y quienes representan a tu organización ante el público. Escoge la diversidad entre las personas que contactan inicialmente con los visitantes o nuevos clientes. ¿Representa tu equipo de cuidado pastoral o departamento de Recursos Humanos la diversidad que tienes ahora o la diversidad que aspiras tener en el futuro? Al contar historias para ilustrar la naturaleza de tu organización, asegúrate de ensanchar el canal para incluir un abanico de caracteres, culturas y conceptos. ¿Concluyen las personas que contactan con tu organización que eres estrecho o ancho, insular o inclusivo?

La diversidad va más allá del color de la piel y el origen nacional. Cuando tenemos una visión estrecha de grupos o de clases de personas, tendemos a tener moldes claramente definidos con expectativas limitadas de cómo "esas personas" piensan y actúan. Pero cuando ensanchamos el canal, concluimos que nadie tiene la respuesta completa o final sobre cómo percibir las situaciones y cómo hacer las cosas. Otras personas puede que tengan una nueva idea sobre los sistemas y las estructuras, una idea que quizá nos lleve más lejos de lo que podríamos haber ido antes. Todos podemos aprender de los demás. Derribamos las paredes de los moldes y cambiamos nuestras expectativas de limitadas a abiertas.

ALINEAR A LOS JUGADORES

Muchos equipos en empresas e iglesias son poco más que colecciones de individuos que se juntan para recibir instrucciones y dar reportes al líder. Un equipo de alto rendimiento es muy diferente. La primera tarea del líder es proporcionar claridad acerca de la visión: ¿Qué necesidad apremiante estamos supliendo? ¿Cómo van a ser sustancialmente mejores las vidas de las personas por causa de nosotros? Cuando el equipo está asido de una visión para suplir este tipo de necesidad, se apasionan por cumplirla. Y si dos o tres no lo están, se convierte en algo obvio.

La siguiente responsabilidad del líder es reclutar a cada persona en el equipo para que trabajen juntos a fin de trazar un plan factible, exhaustivo y cohesivo para que cada aspecto de la organización esté dedicado a suplir esa necesidad. Este es el trabajo de alineamiento, para que los miembros del equipo complementen los esfuerzos de los demás en vez de competir con ellos. Sus planes forman un todo cohesivo, y sus corazones están sintonizados unos con otros. ¿Cómo sale a relucir esto? Se gozan con los que ríen y lloran con los que lloran. No se sienten amenazados por las opiniones diferentes; de hecho, disfrutan del dar y tomar del intercambio de ideas sincero.

Como hemos visto, el objetivo del líder es fundir y moldear un grupo diverso de individuos y convertirlo en un grupo de personas que confían unos en otros, cooperan unos con otros, y se comunican bien y frecuentemente unos con otros. Todos entienden la particular aportación que hace cada miembro. Tienen un propósito común, una pasión común y una estrategia común.

La mayoría de los líderes están en algún lugar en medio del proceso de crear este tipo de alineamiento en sus equipos. De hecho, algunos quizá tengan que vencer primero la confusión con respecto al propósito de la organización y el rencor existente entre los miembros del equipo. Los malentendidos quizá se han convertido en resentimientos, y estos cánceres se deben eliminar para que pueda comenzar la sanidad. Erosionar la confianza en un equipo requiere tiempo, y edificar o reedificar la confianza también requiere tiempo. Pero nada puede ocupar el lugar del respeto genuino y la confianza entre un grupo de personas que tienen un propósito compartido. Estos rasgos son esenciales, para el alineamiento del equipo y para la sanidad personal.

Quizá algunos piensen que la diversidad hace que el alineamiento sea más difícil de conseguir, pero las diferencias de perspectiva no son el bloqueo. La verdadera barrera para el alineamiento viene de la sospecha y la competencia, por muy homogéneos o diversos que puedan ser los miembros del equipo.

MARAVILLOSOS EXTRANJEROS

Cuando leemos la genealogía de Jesús en Mateo 1 y Lucas 3, podríamos reírnos por las sorpresas que encontramos. Al leer el Antiguo Testamento, vemos que el historial familiar de nuestro Señor incluye a muchos inadaptados y extranjeros, ¡hablando de diversidad! Tamar y Rahab tenían un escabroso pasado sexual, Rut era una extranjera, y Betsabé era la mujer que David mandó a buscar cuando estaba en casa, pero debería estar en la guerra (Ver Génesis 38; Josué 2; Rut 1; 2 Samuel 11). En una cultura patriarcal, incluir en la lista a las mujeres en una genealogía era algo inusual, y la inclusión de *estas* mujeres sin duda alguna impactó a los primeros lectores. Y después están los hombres. Hay pocos hombres de honor en la lista, pero también encontramos al pasivo Isaac, al engañoso Jacob, al lascivo Judá y a un elenco de reyes que incluía a nobles e innobles.

Puede que tachemos a la mayoría de estas personas como demasiado diferentes y demasiado imperfectos, pero Dios los usó en la obra más grande de redención que jamás haya visto el mundo: traer a Jesucristo al mundo para rescatarnos.

Quizá la persona más improbable de la lista sea David. Cuando Dios llevó a Samuel a casa de Isaí para encontrar al nuevo rey, Isaí hizo desfilar a sus hijos delante del profeta, todos excepto uno. Isaí sentía poco respeto hacia el joven David, al grado de que ni siquiera lo incluyó entre sus hijos cuando uno de los dignatarios más importantes de la nación llegó de visita y específicamente pidió conocer a sus hijos (Ver 1 Samuel 16).

Samuel ungió a David como el nuevo rey de Israel, pero David no insistió en tomar el trono. Poco después, el ejército del rey Saúl se vio ante los filisteos al otro lado del valle. En las reglas de la guerra, cada bando tenía que enviar a un campeón para luchar en un combate individual, donde el que vencía se lo llevaba todo. Los filisteos enviaron a Goliat, pero Saúl no podía encontrar en su ejército a nadie que luchara contra él. Isaí envió a David al campamento del ejército de Saúl con algo de comida para sus hermanos, que eran soldados. Cuando David llegó y escuchó las amenazas de Goliat, el Señor lo avivó por dentro, y prometió luchar contra el gigante. Saúl debió estar bastante desesperado para dejar que el niño pastor entrara en el campo de batalla. Si los que marcan las probabilidades en Las Vegas hubieran estado por allí, las apuestas serían muy desfavorables a que David seguiría respirando tras el combate. Pero un giro de su honda y un golpe de espada pusieron fin a la competencia. Dios había logrado sus propósitos mediante la persona menos probable: un joven menospreciado por su familia que no era un soldado experimentado (Ver 1 Samuel 17).

Dios se alinea con un grupo de personas increíblemente diverso, y no muy impresionante; incluso con personas como tú y yo.

NOTAR A LAS PERSONAS QUE NOS RODEAN

Creo que hay personas a nuestro alrededor que ni siquiera notamos, o peor aún, las notamos, pero las ignoramos. Muchas de las personas que nos rodean vienen de otras culturas, tienen trasfondos difíciles, o tienen pasados accidentados. Quizá no se vean como nosotros, se expresen como nosotros o piensen como nosotros, pero Dios tiene un propósito para ellos. Dios quiere hacer cosas increíbles en ellos y a través de ellos, si les damos la oportunidad de servir.

> Poner Personas Propiamente Previene Problemas. La Producción de Personas Precarias Previene la Prosperidad.

¿Cómo seleccionamos a las personas para nuestros equipos? Saúl no tuvo un buen departamento de Recursos Humanos. David fue la única persona dispuesta a servir. En nuestras organizaciones necesitamos tener algún criterio de selección. Como hemos visto, si valoramos la diversidad querremos personas que tengan perspectivas y trasfondos que sean distintos al nuestro; no todos, pero al menos unos cuantos. ¿Qué les hace valiosos? Busca hombres y mujeres cuyos ojos se iluminen cuando hables de la necesidad y la visión, personas que tengan confianza en Dios y en ellos mismos, y personas que no tengan miedo a hacer preguntas difíciles y explorar nuevas formas de hacer las cosas.

Hace años, mientras hablaba sobre la importancia del alineamiento, escribí en la pizarra: "Poner Personas Propiamente Previene Problemas". Después de hablar, alguien en la sala me entregó una hoja de papel. Decía: La

"Producción de Personas Precarias Previene la Prosperidad". Me reí, pero es cierto.

Nuestra responsabilidad como líderes no es solo lanzar una visión atractiva y después decir a las personas qué hacer. Nuestra tarea incluye crear un equipo diverso de hombres y mujeres apasionados, perspicaces y creativos que estén dedicados al Señor, a la causa y los unos a los otros. Se necesita mucha oración, duro trabajo y paciencia, pero produce unos resultados excelentes.

Una gran visión y personas creativas causan más desacuerdos de los que resuelven, al menos al principio. En el siguiente capítulo veremos cómo Roosevelt y los ingenieros jefe usaron la tensión para lograr lo aparentemente imposible.

PIENSA EN ESTO

Medita en estas preguntas y discútelas con tu equipo:

1. ¿Cuáles son algunas razones por las que la diversidad en percepción y en pensamiento es más importante que la diversidad étnica y del color de piel?

2. ¿Cómo sabes si eres demasiado estrecho o si verdaderamente valoras la diversidad? Evalúate en cada una de estas preguntas en una escala de 0 (en absoluto) a 10 (totalmente). Da evidencia para cada una de tus respuestas.

   - ¿Haces una segunda y tercera pregunta de seguimiento para explorar lo que alguien está queriendo decir?

   - ¿Te involucras con las personas a nivel personal, o solo miras su productividad?

   - ¿Muestras un respeto genuino por sus ideas y percepciones dándoles papeles importantes en vez de tareas para mantenerlos ocupados?

   - ¿Confías en que los jóvenes añaden valor a los mayores del equipo, o los mayores menosprecian sus aportaciones?

3. Pide a las personas de tu equipo que respondan esas preguntas sobre ti. Quizá prefieras pedirles que entreguen sus respuestas de forma anónima.

4. ¿Dónde te encuentras en el proceso de crear alineamiento en tu equipo? Explica tu respuesta.

5. La idea de tener un equipo más diverso ¿te anima, asusta o molesta? Explica tu respuesta.

Recuerda: El tamaño y la velocidad de una organización están controlados por sus sistemas y estructuras.

CAPÍTULO 10

¿CÓMO PUEDES PRODUCIR TENSIÓN CREATIVA?

Barco y draga en el Corte Culebra
BIBLIOTECA DEL CONGRESO

Cuando Theodore Roosevelt anunció su plan de terminar el proyecto del Canal en el que los franceses habían fracasado miserablemente, generó emoción, pero también creó una tremenda tensión. Los políticos e ingenieros estadounidenses de repente tuvieron que encontrar respuestas a preguntas que habían quedado sin responder desde la expedición de Balboa a través del istmo casi cuatro siglos atrás. Permíteme volver a contar algunos datos destacados de la historia, pero esta vez identificaré los puntos de tensión entre líderes y quienes sostienen la escalera, entre líderes y gobernantes, y entre líderes y obstáculos naturales.

Tras el valiente anuncio de Roosevelt, sus diplomáticos negociaron un tratado con Colombia, pero un pesimista Senado de los Estados Unidos no lo ratificó. Impávido ante la oposición de su propio gobierno, Roosevelt sugirió a los rebeldes panameños que una revolución para separarse de Colombia no era algo que ellos dejarían sin apoyo.

Tras una rápida y decisiva revolución y un tratado con el nuevo país, Roosevelt negoció con el resto de la compañía francesa para comprar los equipos y edificios existentes en la Zona del Canal. Ofreció una fracción de la deuda que Francia debía, pero ellos no tenían otras opciones. La valentía de Roosevelt y sus astutas habilidades de negociación no causaron muchos amigos entre los franceses porque ellos pensaban que les pagaba demasiado poco. Y en algunos rincones de los Estados Unidos, otros pensaban que pagaba demasiado. Muchos en el Congreso creían que Roosevelt estaba persiguiendo el sueño de un necio. El Canal, aseguraban, nunca se construiría ni en Panamá ni en ninguna de las demás rutas posibles. Las dificultades parecían insuperables.

El primer ingeniero jefe, John Wallace, heredó un equipo oxidado, edificios que se estaban pudriendo en el calor y la humedad de la selva, y los posibles trabajadores que eran comprensiblemente reticentes porque habían oído historias de horror de enfermedad y muerte. El Congreso y la Comisión Ístmica del Canal continuamente se interponían en el camino de Wallace.

Además de todas las tensiones de ingeniería y políticas, las salas de los hospitales de toda la zona se llenaron de trabajadores, ingenieros y familiares que padecían malaria y fiebre amarilla. En total, más de cinco mil seiscientos murieron durante los primeros años del esfuerzo americano, y Wallace estaba seguro de que él sería el siguiente. Las demandas de progreso produjeron tensiones que Wallace no pudo soportar. Viajó de regreso a Washington para reunirse con el secretario Taft, quien no le ofreció nada útil o positivo, solo quejas, conmiseración y fatalidad. Taft se dio cuenta de que la actitud de Wallace había llegado al punto de no retorno. Le dijo: "Sr. Wallace, estoy inexpresablemente decepcionado no solo porque usted haya dado este paso, sino porque parece profundamente insensible a la importancia de su conducta".

Wallace comenzó una larga defensa de su trabajo y le recordó a Taft sus muchos sacrificios. Le dijo a Taft que podría hacer mucho más dinero en otro trabajo. Taft le detuvo y le dijo directamente: "Por mero lucro cambia su posición de la noche a la mañana... Está influenciado solamente por su beneficio personal. Con su puesto recibió una gran fama, pero también igual responsabilidad, y ahora usted las desecha en una hora".

Cuando Taft pidió su cese, Wallace reaccionó: "Sr. Secretario, aunque hay una diferencia entre nosotros en cuanto al punto de vista que tenemos respecto a mi obligación, considero que no puede haber duda de que he llevado a cabo mi obligación completa hasta este momento".

Taft era conocido como el hombre más jovial y agradable del gobierno, pero incluso su paciencia se había terminado. Respondió: "Sr. Wallace, no considero que ningún hombre pueda dividir una obligación tal hasta ningún punto donde le permita detenerse... Según mi punto de vista, una obligación es un todo, y no se cumple a menos que se cumpla totalmente".[1]

Taft había manejado con maestría la tensión de las expectativas no cumplidas en el segundo hombre más importante que sostenía la escalera de Roosevelt, siendo Taft mismo el más importante.

John Stevens entendió la tensión de la velocidad y el desempeño, e implementó importantes mejoras en la obra. Solo después de un año y medio, sin embargo, era una cáscara agotada de lo que había sido. Se volvió paranoico con respecto a la oposición real y la imaginaria, y encontraba faltas en todo y en todos. Sus quejas sonaban espeluznantemente como las de Wallace: el salario era demasiada bajo, su familia sufría su ausencia, y la obra era demasiado ardua. Escribió una carta que decía en parte: "No ha habido un día desde mi conexión con esta iniciativa en que no hubiera podido regresar a los Estados Unidos y ocupar posiciones que, para mí, eran mucho más satisfactorias. Algunas de ellas las preferiría antes, si me permiten ser franco, que la presidencia de los Estados Unidos".[2]

Roosevelt y Taft no se alegraron ni fueron persuadidos. De inmediato reemplazaron a Stevens por el Coronel Goethals. Bajo el liderazgo de Goethals en el Canal, un conjunto de tensiones permanecía, pero otro se resolvió. Todas las presiones y los retos de los proyectos de construcción más complicados de la historia seguían existiendo; esas tensiones nunca cesaron. Sin embargo, la tensión entre Roosevelt y sus principales sostenedores de escalera se terminó. Similar a Taft en su dedicación, pero distinto en personalidad, Goethals vertió su considerable experiencia y habilidades en el proyecto, sin quejarse, sin conmiseraciones y sin retraso. Durante siete años coordinó las masivas logísticas de hombres y materiales para terminar el Canal.

El 7 de enero de 1914, cuando la obra estaba en su fase final de construcción, el barco francés *Alexandre La Valley* se convirtió en el primer navío en realizar el viaje de mar a mar. La tercera forma de tensión, entre líderes y obstáculos naturales, finalmente fue vencida. El 15 de agosto, el Canal de Panamá abrió oficialmente con el paso del carguero SS *Ancon*. Toda la construcción se terminó finalmente y todos los sistemas funcionaron con normalidad, así que la Comisión Ístmica del Canal cerró sus puertas. El primer gobernador de la Zona del Canal, para sorpresa de nadie, fue George Washington Goethals, ahora general jefe del Ejército de los Estados Unidos.

ACEPTAR LA TENSIÓN

Cuando los empresarios avanzan hacia crecer sus negocios, y los pastores buscan la expansión del reino de Dios, la tensión es un resultado predecible.

Por todo el mundo, y especialmente en la iglesia, las personas a menudo han desubicado las expectativas de la vida. Creen que Dios ha prometido que sus vidas estarán llenas de paz, tranquilidad y prosperidad, y se sorprenden y confunden cuando experimentan tensión de cualquier tipo. Jesús dijo a los que le seguían: "*No crean que he venido a traer paz a la tierra. No vine a traer paz, sino espada*" (Mateo 10:34). Explicó que el evangelio es un punto de división que puede crear tensión en nuestras relaciones más importantes. Del mismo modo, cuando los empresarios avanzan hacia crecer sus negocios, y los pastores buscan la expansión del reino de Dios, la tensión es un resultado predecible.

Quizá algunos respondan: "Sí, pero Jesús prometió paz a quienes lo siguieran". No fue así. En Juan 14 dijo a sus discípulos que les daba paz, pero su versión de paz, explicó, es muy distinta a la que la mayoría de las personas imagina. Les dijo: "*La paz les dejo; mi paz les doy. Yo no se la doy a ustedes como la da el mundo. No se angustien ni se acobarden*" (v. 27). Su paz fue la fortaleza interior que le capacitó para hacer frente al ridículo, el abandono y la tortura todo el camino hasta la cruz y el sepulcro. La mayoría de las personas en nuestra cultura piensan que la paz es la ausencia de tensión; la paz de Jesús es confianza en la presencia, cuidado y llamado de Dios en medio de la tensión. Ese es el tipo de paz que queremos. Ese es el tipo de paz que necesitamos desesperadamente.

Muchas personas en nuestras organizaciones evitan la tensión a toda costa y se sienten confusos, o incluso traicionados por Dios cuando ven que la tensión existe; *algunos* de los que sostienen nuestra escalera se sorprenden cuando encuentran tensión, pero *todos* los líderes dotados tienen una perspectiva muy distinta: su valiente visión inevitablemente crea tensión, así que esperan tensión, y usan la tensión para sacar lo mejor de todos los que están a su alrededor.

Los puntos de tensión son los lugares donde funcionan fuerzas opuestas, donde la flexibilidad es esencial, y en objetos animados, donde se produce el crecimiento.

Todas las grandes estructuras tienen puntos de tensión incorporados. Los altos edificios de Los Ángeles y San Francisco están diseñados para soportar el temblor de terremotos. La mayoría de los puentes están hechos con los componentes más fuertes: cemento bajo compresión y acero bajo tensión. Cuando Brenda y yo celebramos nuestro primer aniversario, condujimos desde Portland hasta Seattle y cenamos en lo más alto del *Space Needle*. El viento hacía que la estructura se moviera, pero no se derrumbó porque los arquitectos habían incorporado puntos de tensión en el diseño. Cuando vemos un árbol que se ha caído en una tormenta, sabemos que el punto de tensión en el tronco o debajo de la tierra cedió.

Los puntos de tensión son los lugares donde funcionan fuerzas opuestas, donde la flexibilidad es esencial, y en objetos animados, donde se produce el crecimiento. Todas las cosas físicas del universo tienen puntos de tensión, y las organizaciones solo crecen y prosperan si los reconocemos y los usamos adecuadamente. Intentar evitarlos debilita el sistema y finalmente conduce al colapso, a veces de forma rápida y a veces lenta.

Todos podemos contar historias sobre tensión que terminaron mal. Hemos sufrido sueños rotos, relaciones tensas y rotas, y muchas noches en vela. Pero esos dolorosos recuerdos no significan que todas las tensiones sean destructivas y se tengan que evitar. Todas las grandes novelas tratan sobre alguien que sufre una calamidad, una tensión crucial de algún tipo, y que valientemente encuentra una solución. Si pensamos en ello, nos daremos cuenta de que las mejores historias de nuestra vida se escribieron en tiempos de las mayores amenazas que jamás hemos vivido. Nuestras relaciones más apreciadas son con personas a las que nos ha costado entender y amar.

Resolver la tensión nos acercó, y la tensión continuada, llena de honestidad y autenticidad, mantienen unida esa relación. No hay tal cosa como una relación significativa libre de tensión a menos que una de las personas esté muerta.

Si estamos vivos e intentando hacer algo significativo, la tensión se crea inevitablemente.

He entrado en algunas oficinas de organizaciones que me han pedido consultoría en las que los líderes me han dicho con una sonrisa y confiadamente: "Sam, aquí no tenemos ningún conflicto. Vivimos en perfecta armonía unos con otros". Piensan que me impresionarán, pero esa frase me dice una de dos cosas sobre el líder y el equipo: o bien todos han estado inhalando sustancias químicas y están en coma, o tienen metas tan bajas que no tienen pasión suficiente para generar diferentes opiniones sobre cómo hacer las cosas. Si estamos vivos e intentando hacer algo significativo, la tensión se crea inevitablemente.

Ser realistas sobre el valor de la tensión produce profundidad en nuestro matrimonio, nuestra crianza de los hijos, nuestras amistades, nuestras iglesias, nuestras organizaciones sin fines de lucro y nuestras empresas. La tensión llama a los mayores esfuerzos, los pensamientos más profundos y los mejores talentos del líder. Hace lo mismo por nuestras organizaciones y por las personas en nuestros equipos de liderazgo. Las personas tienen miedo a la tensión cuando suponen que les hará daño, pero los líderes sabios usan la tensión de formas que no son restrictivas, críticas ni condescendientes. Nunca la usan para categorizar o marginar.

Uno de los rasgos de una cultura organizacional dinámica y saludable es que las personas no tienen miedo a compartir sus ideas. En este entorno, las ideas creativas discurren como las aguas del Niágara. Pero este tipo de cultura no surge de forma natural. La debe modelar, cultivar y nutrir un líder que dé la bienvenida al desacuerdo, y no insista en tener la respuesta correcta o la última palabra. En esta atmósfera, los líderes pueden compartir una visión mayor de más tamaño y velocidad, y las personas sienten la tensión sin tener miedo. De hecho, se inspiran por la descripción de la apremiante necesidad y el rango de la visión para suplirla.

> Uno de los rasgos de una cultura organizacional dinámica y saludable es que las personas no tienen miedo a compartir sus ideas.

Los grandes líderes siempre han creado tensión y la han usado para inspirar a quienes les rodean. Martín Lutero creó agitación en la iglesia en el siglo XVI desafiando las premisas y prácticas aceptadas en Roma. Encendió un fuego que se propagó por Europa y cambió la historia. Siglos después, su tocayo, Martin Luther King Jr., rehusó aceptar la injusticia de la discriminación. Su elocuencia y valor cautivaron algunos corazones, enfurecieron a otros y condujeron a un cambio amplio, aún por terminar, en nuestro país. En cada terreno de la fe, la política y los negocios, hombres y mujeres emprendedores han sacudido su mundo, han tocado corazones y han incitado los esfuerzos de otros por una gran causa.

Los líderes siempre crean tensión. Si tu intención al ampliar tu canal es crear una zona libre de tensión, olvídalo. No crearás un canal que mueva a las masas; solo construirás una piscina donde las personas se relajarán mientras no hacen nada.

LIDERAR EN LA TENSIÓN

La pregunta para los líderes no es cómo evitar la tensión, y ni siquiera es cómo resolver la tensión. La resolución podría parecer la meta más alta, pero no es así. La pregunta es: ¿Cómo podemos crear y manejar la tensión para sacar lo mejor de nuestro equipo? Esta es otra forma de verlo: ¿Puedes hacer a las personas de tu equipo preguntas provocativas, y no ser provocado si sus respuestas son originales?

Cuando hablo con líderes y sé que han tenido una reunión importante con su equipo o consejo directivo, pregunto: "¿Cómo fue tu reunión?". Algunos de ellos responden meneando su cabeza y diciendo: "No muy bien. Fue tensa". Yo quiero gritar: "¡Eso es magnífico!", pero no lo entenderían, aún.

Cuando las personas dicen que una reunión fue tensa, por lo general significa que los sentimientos de las personas resultaron heridos, alguien dijo frases que devaluaron a otra persona, y se sintieron presionados a tener que estar de acuerdo con una decisión. ¡No es de extrañar que las personas teman reuniones de este tipo!.

Tenemos que redefinir la palabra "tensa". Cuando la uso para describir una reunión, me refiero a que tuvimos un robusto intercambio de ideas, las personas no tuvieron miedo a expresar su opinión, la cultura promovió la libertad de expresión, se invitó al desacuerdo, se tomaron o no se tomaron decisiones a medida que las personas se sintieron escuchadas y entendidas, y nadie se sintió intimidado ni abrumado cuando se produjo todo esto. Las personas salieron de allí diciendo: "Caramba, ¡fue fantástico!". Ese es el tipo de tensión que los líderes necesitan crear y manejar.

Para muchos de nosotros, nuestra reacción inmediata a cualquier tipo de tensión en la sala es solucionarla, suavizar susceptibilidades, y encontrar formas para que las personas se pongan de acuerdo. Yo creo que esa no es una buena manera de hacerlo. Es mejor enseñar a las personas el valor de la tensión, decirles que den la bienvenida a opiniones distintas, y entrenarles en cómo discrepar agradablemente. Se necesitará tiempo para formar a un equipo para que disfrute la tensión, pero vale la pena el esfuerzo.

Podría ser necesario que el líder admita: "Quiero que tengamos una perspectiva distinta sobre la tensión para que aprendamos y crezcamos de las sanas discrepancias, pero tengo que decirles que yo he sido parte del problema. No me he sentido cómodo con las discrepancias, así que me he dispuesto a resolver las cosas con demasiada rapidez. No me malentiendan: no nos vamos a aporrear unos a otros. Eso no es saludable. Pero vamos a comenzar a valorar nuestras diferentes perspectivas y a estar cómodos unos con otros cuando discrepemos. Vamos a dar la bienvenida a la tensión, aprender a vivir con algo de ambigüedad, a discrepar de formas que estimulen sin hacer daño a nadie, y a estar cómodos tanto si no tomamos ninguna decisión como si tomamos una. Todo empieza conmigo, pero quiero que todos hagamos el compromiso de hacer que la tensión sea algo saludable y productivo en nuestro equipo".

Los líderes tienen que asegurar a su personal dos cosas: "Primero, estoy dedicado a este cambio en nuestro equipo; y segundo, tomaré cualquier decisión que sea necesaria cuando tenga que tomarla. Prefiero que tomemos juntos la mayoría de las decisiones, pero habrá veces en que sea yo quien tenga que tomarlas. No dejaremos muchas cosas en el aire, al menos no por mucho tiempo. Valoro sus ideas, pero soy yo el que está al frente. Pueden contar conmigo en cuanto a estos dos compromisos".

Quizá el líder también explique esto: "Probablemente tardaremos más que antes en tomar las decisiones. Esto puede que resulte frustrante para algunos de ustedes, y podría ser frustrante para mí algunas veces. Pero no quiero que el proceso de recibir sus mejores ideas sufra un cortocircuito, y eso requiere tiempo. Si tardamos un poquito más, a veces quizá dirán alguna frase que nos lleve en una dirección que nunca habíamos imaginado, una dirección realmente buena. Y mientras aprendemos a vivir en esta tensión creativa, nuestras relaciones entre nosotros crecerán porque nos entenderemos unos a otros mejor que nunca".

A menudo oímos insistir a líderes y equipos: "Tenemos que estar en la misma página". En el mundo de la iglesia, quizá señalemos el pasaje de Amós: "*¿Pueden dos caminar juntos sin antes ponerse de acuerdo?*" (Amós 3:3). La implicación es que el desacuerdo de algún modo es menos que cristiano e impío, algo que se debe evitar diciendo sí incluso cuando quisiéramos decir no. No creo que eso sea lo que significa el versículo en modo alguno. Dos personas pueden acordar caminar juntos en un compromiso con la salud y el fortalecimiento de la relación, incluso si no están de acuerdo en cada tema. Su compromiso es a hablar de forma clara, creer lo mejor del otro, y evitar hacer montañas de granitos de arena. Su relación es mucho más fuerte si pueden discrepar por algo sin que haya ridículo, alejamiento o actuar como si no importara. Su compromiso el uno con el otro les permite discrepar sin dañar la relación. Pueden estar en la misma página incluso si están escribiendo contenidos distintos.

Si insistimos en hacer las cosas a nuestra manera, y si insistimos en que nosotros tenemos razón, no seremos capaces de discrepar sin hacer daño a las personas que nos rodean. Percibiremos cada reto como una amenaza en vez de una invitación a explorar otros puntos de vista. Con estabilidad, seguridad y sabiduría, podemos amar a quienes no están de acuerdo con nosotros, podemos escucharles con atención con un corazón abierto y sin estar a la defensiva, y en la mayoría de los casos podemos apoyar a la persona responsable de tomar la decisión incluso si nosotros hubiéramos tomado otra distinta. Por supuesto, si la decisión es un punto decisivo de ética y moralidad o un asunto central de la fe, podemos amar y escuchar, pero no podemos apoyar esa otra perspectiva. En esos casos, tenemos que ser muy claros sobre nuestra posición para que no se produzcan malentendidos.

No todo tiene que estar envuelto con un lazo al final de una reunión de equipo. Ciertamente, algunas cosas debemos terminarlas y resolverlas, pero a veces es mejor dejar cabos sueltos, pedir a las personas que piensen en un tema y vivir con la ambigüedad durante otra semana. Incluso así, no todos tienen que estar de acuerdo, pero la meta es que todos se sientan escuchados.

Los líderes generan tensión para sacar lo mejor de su equipo, pero también experimentan tensión en muchas otras esferas: con el banco, el constructor, proveedores, el líder de alabanza, la denominación, el consejo directivo, el presupuesto, los principales patrocinadores, los líderes de la comunidad, y muchos otros. Los líderes experimentan tensión en una secuencia de eventos mientras van de camino a cumplir la visión, mientras las personas priorizan diferentes componentes. Cada contratación es un momento de tensión para emparejar las necesidades de la organización con las cualificaciones del solicitante, y la decisión nunca es algo seguro. Los líderes encuentran tensiones inherentes en cada decisión relativa al crecimiento: la altura de la escalera, la velocidad de la expansión, el enfoque del alcance y las personas para dirigir esos esfuerzos.

Tenemos que enseñar a nuestro equipo que el aparato para la toma de decisiones se tiene que respetar. Algunas decisiones quizá se tomen con voto, otras con consenso, y aún otras por la persona a cargo. Sea cual sea el caso, todo el equipo se adueña de la decisión. Esto significa que damos la bienvenida al desacuerdo y al libre intercambio de ideas dentro del equipo, pero cuando la persona responsable toma una decisión, todos lo apoyan ante los que están fuera del equipo. No asienten al final de la reunión y después salen y le dicen a un amigo lo estúpida que ha sido la decisión.

La capacidad de aceptar y usar la tensión es una de las mayores herramientas en la caja de herramientas del líder para ampliar el canal y proporcionar más tamaño y velocidad a la organización. La tensión es un enemigo solo si le tenemos miedo, y dejamos que envenene las relaciones. Si enseñamos a nuestro personal los beneficios del desacuerdo creativo, estimularemos la creatividad y desenterraremos más oportunidades. Vale mucho el tiempo y el esfuerzo.

CREAR MAGNÍFICAS REUNIONES

¿Ves las reuniones de tu plantilla como un mal necesario o como lo mejor de la semana? ¿Tu personal las teme porque son aburridas o se sienten devaluados, o las anticipan porque saben que contribuirán de formas significativas? ¿Entienden que das la bienvenida a la tensión saludable, o temen expresar una opinión?

Entramos en las reuniones con la meta de salir con buenas decisiones y un compromiso por parte de todos a hacer todo lo posible para que funcione, pero la mayoría de los líderes necesitan unos cuantos recordatorios de lo que hace que una reunión sea magnífica. El gurú de liderazgo Peter Drucker observó: "El entendimiento que yace debajo de la decisión correcta surge del choque y conflicto de opiniones y de la seria consideración de alternativas que compiten entre sí".[3] Voy a ofrecer unas cuantas sugerencias e ideas para crear reuniones que tú y tu equipo no se quieran perder.

- *Sacudir la presión.* No hay necesidad de estimular la creatividad, solo de liberar la creatividad inherente en cada persona. Dios ha hecho a cada persona con una chispa de creatividad. Es parte de la *imago dei*, la imagen de Dios en cada uno de nosotros. Algunos muestran este rasgo desafiando las suposiciones, pero otros demuestran la creatividad buscando nuevas alternativas. No es que una sea mala y la otra buena. Ambas son esenciales y es necesario celebrarlas.

- *Comenzar bien.* En tu planificación, piensa qué es lo que hará que las personas se alegren de estar juntos. Quizá tengas buenas noticias que compartir, o quizá preguntes por alguna victoria o batalla personal. Sea lo que sea, crea una conexión positiva desde el comienzo.

- *Regresar regularmente a la necesidad y la visión.* La pasión se desvía, así que refuerza el porqué y el qué a fin de que las personas de tu equipo tengan contexto para el cómo, quién y cuándo.

- *Dedicar menos tiempo a reportes y más tiempo a preguntas, ideas y conexiones con otros departamentos* para que el equipo sienta que es un todo cohesivo en vez de un grupo de gerentes aislados.

- *Separar la identidad de las ideas.* Una idea necia no significa que la persona sea necia. Ten cuidado de evitar las risitas verbales y las burlas no verbales. Todas las personas tienen un valor inherente, incluso si sus ideas no dan la talla.

- *Valorar el equipo.* Las personas instintivamente quieren recibir crédito y evitar la culpa. El orgullo y el temor no se erradicarán a este lado del cielo, pero podemos recordar continuamente a las personas que todos en el equipo tienen una parte valiosa en cada decisión.

- *Anotar las ideas de todos.* Es fácil dejar que quienes hablan mucho dominen las discusiones, pero no dejes que los demás sean ignorados. A menudo tienen ideas buenas y creativas, y hay que invitarlos a la conversación.

- *Valorar tus instintos como líder,* pero no ponerse el traje de "confíen en mí" demasiado a menudo. Necesitas un tanque lleno de confianza del que sacar cada vez que pides a tu equipo que confíe en ti cuando ellos ven las cosas de otra forma. Si lo haces demasiadas veces, corres el riesgo de perder a todos salvo a los que son ciegamente leales, y ese es su propio tipo de problema.

- *La limitación estimula la creatividad.* Hemos dicho que el proceso temprano de planificación se tiene que hacer sin prisas para que todos puedan contribuir, pero después es tiempo de finalizar los planes y avanzar. En estas últimas fases de la planificación, no tengas miedo de la presión del tiempo para tomar decisiones. En muchos casos, un poco de presión hace que fluya la adrenalina un poco más y afile el enfoque del pensamiento.

- *Terminar con una nota aguda.* En tu planificación, no dejes que las reuniones terminen con las personas saliendo rápidamente por la puerta. Planifica el final de la reunión igual de bien que planificaste el inicio, y haz que sea significativo y edificante.

En todos los lugares donde fue Roosevelt, agitó las cosas. Creó tensión con su valiente visión para el Canal de Panamá, para parques nacionales, para separar grandes empresas que estaban dominando los mercados y limitando la competencia, y muchos otros esfuerzos. No tenía miedo al desacuerdo, y no era tímido con respecto a esperar lo mejor de las personas de su equipo. Al ampliar nuestros canales, la tensión es inevitable. Aprendamos a usarla para bien.

Bajo Roosevelt, Taft y Goethals, se terminó el Canal de Panamá en 1914, diez largos años después de que los estadounidenses llegaran al istmo. Fue un éxito monumental que hizo que el transporte fuera mucho más asequible, pero como cada gran proyecto que está funcionando durante un largo tiempo, fue necesario una gestión constante y actualizaciones periódicas. En el siguiente capítulo veremos la obra del Canal en las décadas que siguieron tras su apertura.

PIENSA EN ESTO

Medita en estas preguntas y discútelas con tu equipo:

1. ¿Cuáles son algunas indicaciones en nuestra cultura y en nuestras organizaciones de que algunas personas esperan una paz perfecta en lugar de tensión?

2. ¿Cuáles son algunas razones por las que las personas temen la tensión? ¿Cuáles de ellas son comprensibles? ¿Cuáles son inaceptables? Explica tu respuesta.

3. En el pasado, cuando has descrito una reunión como "tensa", ¿qué quisiste decir? ¿Cómo cambia la definición dada en este capítulo tu concepto de la tensión en una reunión?

4. Escribe un plan para cómo enseñarás y entrenarás a tu equipo para ver el desacuerdo saludable como una parte necesaria de tus interacciones.

5. Mira las sugerencias sobre crear reuniones estimulantes. ¿Qué tres de ellas te parece más importante implementar pronto? ¿Cómo harás que se produzcan?

Recuerda: El tamaño y la velocidad de una organización están controlados por sus sistemas y estructuras.

CAPÍTULO 11

¿TERMINA ESTO ALGÚN DÍA?

Esclusas de Gatun con remolcadores, dragas y barcazas.

BIBLIOTECA DEL CONGRESO

El Canal funcionó perfectamente bien después de su apertura, diez largos años después de que los estadounidenses llegaran al istmo, pero fue necesario un mantenimiento constante. Las fuertes lluvias provocaban pequeños aludes de lodo, y el cieno llenaba el fondo del lago Gatun, las esclusas y las inmediaciones a ambos lados del istmo. Las dragas estaban constantemente ocupadas limpiando el fondo para que los barcos con calados profundos pudieran pasar fácilmente. Los motores que abrían las puertas de las esclusas necesitaban un mantenimiento continuo para asegurar que las puertas se abrieran suavemente y del todo, y asegurando que el flujo de tráfico no quedara obstaculizado.

En la década de 1930, los periodos de inundaciones y sequías demostraron ser un problema. El agua que discurría desde el río Chagres al Canal necesitaba ser regulada de forma más completa, así que se construyó un nuevo dique para crear el lago Madden como otra reserva para la necesidad del Canal de tener mucha cantidad de agua. A finales de la década, las tensiones iban en aumento en Europa y Asia. Alemania se estaba rearmando y construyendo los barcos de guerra más grandes en los mares, y Japón ya había invadido Manchuria y China. Ellos también estaban construyendo buques de guerra más grandes de los que jamás se habían visto antes.

Los Estados Unidos no tenía intención alguna de entrar en guerra en ningún continente, pero la Armada no quería estar en problemas en el supuesto caso de que se vieran forzados a entrar en combate. Hicieron planes para construir una flota mayor de buques de guerra del tipo Montana, unos que no cabrían en las esclusas de Panamá. Para ajustarse al tamaño de estos barcos, se tenían que ensanchar las esclusas. Poco después de comenzar la obra, los japoneses bombardearon Pearl Harbor, y los Estados Unidos entró en guerra. Las autoridades se dieron cuenta de que las nuevas esclusas no estarían terminadas hasta seis años después, así que los buques más grandes seguirían viajando por la ruta larga bordeando el Cabo de Hornos. Los comandantes decidieron que era una espera demasiado larga, así que el proyecto se guardó y se detuvo la obra. Aun así, el mantenimiento regular para que el Canal siguiera funcionando sin problemas siguió teniendo una alta prioridad.

En 1954 el general Nasser de Egipto dirigió un ataque contra las fuerzas británicas que controlaban el Canal de Suez. La exitosa adquisición de Suez alentó demandas por parte de Panamá de que los Estados Unidos cedieran el control de la Zona del Canal. Las demandas aumentaron en los años siguientes, culminando con revueltas en enero de 1964 que costaron las vidas de varios soldados estadounidenses y veinte panameños.

En 1977 el presidente Jimmy Carter negoció un nuevo tratado con Panamá, cediendo el control del Canal a cambio de una garantía de neutralidad del gobierno panameño. En el último día del siglo, la autoridad del Canal de Panamá tomó el control de la Zona del Canal. Desde ese momento, la organización de los barcos en el Canal y realizar un mantenimiento rutinario eran responsabilidad de Panamá.

A lo largo de su historia, el Canal ha requerido una mano de obra sustancial. Se emplearon unos cuarenta y cinco mil hombres durante los años máximos de excavación y construcción, y hoy, unas nueve mil personas manejan las operaciones del Canal. Durante más de cien años, la compleja y masiva operación ha necesitado una atención constante. Los ingenieros deben anticipar las necesidades antes de que existan y reunir recursos para arreglar problemas antes de que se produzcan.

SIN MARCHA ATRÁS

Algunos líderes emergentes creen que si pueden conseguir su gran plan de crecimiento, podrán entonces apretar el botón de piloto automático y avanzar en punto muerto hacia niveles más altos de tamaño y velocidad. Los líderes más sabios saben que eso no funciona así. Cuando llegan a su meta más alta, ciertamente lo celebran y quizá se toman unos días para relajarse, pero pronto vuelven a la tarea porque su trabajo nunca termina. Entienden que el Punto B de la Curva Sigmoide (descrita en el capítulo 3) está siempre en el horizonte. Las fuerzas de entropía, la tendencia al desorden, funcionan en cada esfera de la naturaleza, y operan también en las organizaciones. Si no somos diligentes, las cosas comenzarán a desatarse, a veces a una velocidad alarmante.

Los líderes trabajan con su personal para producir programas excelentes. Los planes y los proyectos son como los paisajes: el crecimiento llega en estaciones durante largos periodos de tiempo, pero la devastación se puede producir rápidamente por tormentas o gradualmente por sequías. Las personas son como los paisajes: cambian constantemente con las tormentas y las mareas.

Muchos líderes luchan por la estabilidad y la coherencia, pero yo argumentaría que estas no son las metas correctas. Con demasiada frecuencia conducen al estancamiento y finalmente a la erosión. En las estaciones de una organización cuando consolidamos el crecimiento, tenemos que ser vigilantes para que las operaciones sigan discurriendo bien. Nuestro compromiso es siempre con la excelencia. Después, cuando llegue el momento correcto, estaremos listos para lanzar la siguiente nueva iniciativa.

He hablado con muchos líderes que estaban frustrados porque las personas de sus equipos no estaban tan conformes y deseosas de ayudar como ellos esperaban. Habían llegado a la conclusión de que su personal tenía carencias, eran perezosos y egoístas, y estos líderes se sentían cansados, no apreciados y acosados. Su meta principal era la estabilidad. Yo lo vi como un problema de liderazgo. En mil pequeños incrementos, estos líderes habían interpretado las preguntas como una resistencia, y los retrasos como un desafío. Tras un tiempo, creían que su personal estaba en contra de ellos. Si eso es cierto, por lo general se debe a que los miembros del equipo no se sienten valorados e inspirados. En ese momento, los discursos motivacionales son contraproducentes porque quienes están en el equipo se sienten manipulados. Es como poner una mano de pintura sobre un trozo de madera podrido. No hace nada para resolver el problema subyacente: falta de confianza.

A medida que todo esto se desarrolla, la visión del líder se deteriora. Es como el cieno que se forma en los alrededores, el lago y las esclusas del Canal, que gradualmente atasca el Canal e impide el progreso. En vez de soñar con un crecimiento sustancial, la meta de los líderes asediados es detener el cieno para que no siga aumentando. Solo intentan sobrevivir en las reuniones de plantilla sin que las personas frustradas estallen o las personas aburridas miren sus teléfonos una decena de veces. Estas son señales de que la erosión ya ha comenzado.

El anhelo supremo de estabilidad es una señal de una organización estancada, y quizá intoxicada. Nunca conduce al crecimiento. No estimula nuevas ideas, no desafía el status quo, no inspira a nadie y no fuerza a las personas a encontrar formas de trabajar juntos para cumplir una meta que nadie puede lograr solo. Los líderes que se estancan son defensivos y reaccionan ante cualquier desafío. Contratan a personas principalmente por lealtad personal, en vez de encontrar personas que añadan sabor a la mezcla. Buscan miembros de equipo que sean serviciales y compasivos como Juan, el discípulo amado, en vez de buscar personas como Pedro, que era brillante pero impulsivo, o Pablo, que era un pararrayos dondequiera que iba.

Los líderes tienen que dragar continuamente el canal de su organización para asegurarse de que nada bloquee el flujo de energía y de ideas, y tienen que mantener un ojo atento a la maquinaria, los sistemas, para asegurarse de que funcionen bien. El cieno y el óxido fueron amenazas constantes en el Canal de Panamá después de abrirlo, y los líderes hacen frente a retos similares después de haber logrado hitos de crecimiento.

La cohesión de equipo y la congruencia no pueden producirse a menos que los individuos en el equipo estén creciendo y emocionados. A veces, si solo una persona está encendida por una nueva pasión por lograr una gran meta, el entusiasmo se puede extender a otros miembros del equipo. La búsqueda de estabilidad es un obstáculo; todo crecimiento tiene potencial para el cambio, y el cambio es inherentemente inestable.

Pero los líderes tienen que poner algunos límites alrededor de la creatividad que invitan a su equipo a tener. Los miembros del equipo tienen que comunicar con respeto y paciencia, no con demandas. A medida que crece la confianza, el líder y los que están en el equipo aprenderán a valorarse unos a otros y a estimularse unos a otros a mejorar.

> Nuestros canales no funcionarán bien si no dragamos el canal regularmente y engrasamos la maquinaria organizacional.

La sospecha, los sentimientos heridos y las expectativas mal dirigidas son otras capas de cieno que bloquean nuestros canales. No podemos evitar por completo que ocurran. Son parte del ser humano y parte de estar en un equipo, pero los líderes pueden notar estas cosas según ocurren, y lidiar con ellas de forma clara y misericordiosa. Los miembros del equipo tienen que estar dispuestos a escuchar, perdonar y seguir trabajando entre ellos. Este esfuerzo es como el mantenimiento regular del Canal de Panamá. Nuestros canales no funcionarán bien si no dragamos el canal regularmente y engrasamos la maquinaria organizacional.

Al igual que Roosevelt, todos los grandes líderes son soñadores, y como él, los grandes líderes encuentran a personas que compartan sus sueños y se comprometan profundamente a que sean una realidad. Cuando encuentran a personas con pasión, pero habilidades limitadas, encuentran un sitio en algún otro lugar para que puedan servir fielmente y bien. Cuando encuentran personas con habilidades, pero sin pasión, intentan inspirar el compromiso y el celo por la causa, y si las personas no responden, los líderes las sustituyen. Pero las personas con grandes ideas nunca amenazan a los líderes dotados. Estos líderes revuelven regularmente la olla, y aprecian a aquellos que también la revuelven.

Las grandes ideas, e incluso la consecución de esos sueños, deben ir seguidas del mantenimiento diario de los sistemas y las estructuras para que la organización siga cumpliendo su misión. Los líderes necesitan destacados sostenedores de escaleras en cada fase del crecimiento organizacional.

CICLOS

Las organizaciones vibrantes pasan por ciclos de intensa creatividad y máximo esfuerzo, seguidos de tiempos donde las ganancias se consolidan. En los periodos de consolidación, nuevos líderes que se unen a las organizaciones tienen que ser entrenados para que puedan ser eficaces para el siguiente ciclo de crecimiento. Tenemos que detenernos a menudo para meditar en lo que Dios ha hecho y en la fidelidad de hombres y mujeres que han contribuido tanto a la causa, y damos gracias. La gratitud nunca pasa de moda. Nos recuerda a todos de quién dependemos, quién es la fuente de nuestro crecimiento y gozo, y en quién confiamos para el futuro.

Ciertamente podemos tener estabilidad en los rostros en la mesa cuando nos reunimos con nuestros equipos, pero esperamos que esas personas crezcan, cambien y lleguen más alto. Afilan sus habilidades existentes y descubren nuevos talentos. Aprenden a reclutar, situar y motivar a las personas con más eficacia, y tienen una visión mayor de lo que Dios podría hacer a través de ellos. Hacen preguntas difíciles sobre los sistemas y la estructura existentes, sabiendo que cambiarán según vayan consiguiendo más crecimiento y velocidad. De esta forma, los miembros del equipo se estimulan unos a otros, animando a otros a tener grandes sueños y encontrar formas mejores de refinar los mecanismos para mantener funcionando el sistema.

Los líderes pueden ayudar a sus equipos describiendo el ciclo normal de crecimiento en cualquier organización y después señalando cuál es su actual posición en el ciclo. Pueden usar la Curva Sigmoide, o pueden usar las cinco etapas que se describen en el capítulo 1: emprendedora, emergente, establecida, de erosión e innovadora. De esta forma, las personas del equipo se dan cuenta de cuándo es tiempo de lanzar nuevos planes y cuándo es tiempo de consolidar las ganancias.

Los buenos líderes también aportan pautas útiles. Un líder empresarial le dijo a un jefe de departamento ansioso: "No traigas una idea de diez millones de dólares si solo tienes un presupuesto de un millón". En cada punto del ciclo, los miembros del equipo deberían dar ideas y retroalimentación con honor y respeto, y tienen que aprender a evitar usar comparaciones negativas con la idea de otro al promover su propia idea. Si una idea no está clara, en vez de tirotear la nueva idea, el líder puede enseñar a las personas del equipo diciendo: "Ayúdame a entender lo que estás diciendo". Ciertamente, la paciencia del líder será un buen modelo para el resto del equipo.

> No fomentamos la confianza insistiendo en la unanimidad y la obediencia al instante, sino valorando las ideas de cada persona del equipo.

No fomentamos la confianza insistiendo en la unanimidad y la obediencia al instante, sino valorando las ideas de cada persona del equipo y proporcionando tiempo, dentro de unos límites, para que las personas piensen y den sus ideas. Este es el tipo de entorno que estimula la siguiente ola de ideas que conducen a la creatividad, la energía y el crecimiento.

Si la Comisión del Canal de Panamá se hubiera cruzado de brazos y hubiera dicho: "Nuestro trabajo está hecho" cuando abrió el canal en 1914, el lago y las esclusas en seguida se habrían llenado de cieno, de forma que solo los barcos de calados superficiales podrían haberlo usado. Y poco después, los motores que abren y cierran las enormes puertas de las esclusas se habrían detenido en seco, y el Canal no habría sido útil para ningún barco. Para los que estaban a cargo del Canal, el trabajo nunca terminó. La espectacular obra de excavar el Corte Culebra, renombrado Corte Galliard en honor al alcalde Galliard, que fue clave en los años de excavación en el lugar, y construir las esclusas y las puertas finalmente se terminó, pero el mantenimiento continuo era esencial para que el Canal siguiera funcionando.

LA TAREA CONTINUA

¿Necesitan las empresas fabricar y vender productos excelentes para captar el mercado? Claro que sí. ¿Necesitan las organizaciones sin fines de lucro una misión atractiva para recaudar dinero y proporcionar los recursos para los pobres y necesitados? Ciertamente. ¿Necesitan las iglesias excelente enseñanza y predicación, así como una adoración inspiradora? Sin duda. Pero en mi experiencia haciendo consultoría con líderes de empresas, organizaciones sin fines de lucro e iglesias, puedo decir con confianza que el factor que ha llevado al crecimiento es un desarrollo coherente y eficaz del liderazgo.

Con demasiada frecuencia los equipos se enfocan en el brillo de un solo líder o continúan usando una estrategia que funcionó increíblemente bien en el pasado. Si tienen este tipo de miopía, no pueden ver lo que hace que sus organizaciones se muevan. Los principios son los mismos en cualquier campo, desde la producción hasta las misiones, desde los restaurantes hasta las iglesias. Voy a usar a la iglesia como ilustración. Podríamos ver las relaciones alrededor y dentro de la iglesia en círculos concéntricos:[1]

La iglesia necesita tener una presencia vibrante en la comunidad, no solo un edificio en la comunidad. La iglesia es más poderosa cuando las personas están entremezcladas en el tejido de la comunidad: amando, sirviendo y cuidando en escuelas, empresas, gobiernos, actividades deportivas, y tocando a los necesitados.

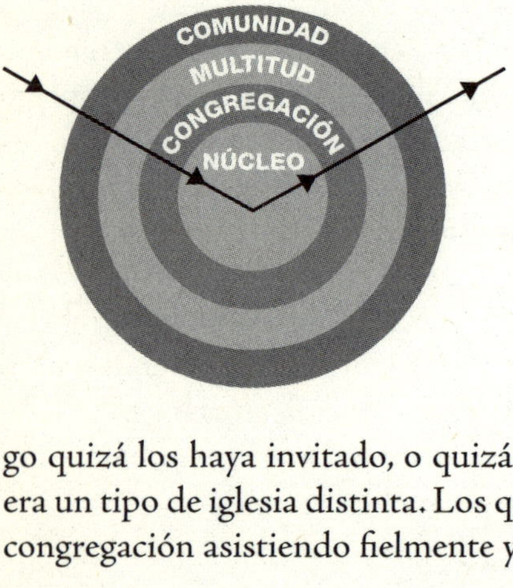

Algunas de las personas en el vecindario, escuelas, oficinas y tiendas se sentirán atraídas por algo en la iglesia: la conexión personal de amor de quienes asisten, el servicio desinteresado que ven en la vida cotidiana, o la forma en que la iglesia suple las necesidades en tiempos de crisis. Algunos de ellos llegan para comprobar lo que está ocurriendo en la iglesia. Un amigo quizá los haya invitado, o quizá se dejaron caer porque escucharon que era un tipo de iglesia distinta. Los que se quedan se convierten en parte de la congregación asistiendo fielmente y dando al ministerio de la iglesia.

Los líderes de la iglesia a menudo usan el número de personas de la congregación como el principal punto de referencia de éxito, junto con el tamaño del edificio y el dinero en la cuenta bancaria. Pero la verdadera marca de éxito es el tamaño y la fuerza del núcleo de liderazgo que lleva la carga y difunde el gozo de Dios a través del ministerio de la iglesia.

Si miramos la vida de Jesús, vemos estos círculos concéntricos de relaciones. A veces, parece que todo el país llegaba para escucharlo. Los Evangelios narran el milagro de Jesús convirtiendo la merienda de un niño en un festín para cinco mil hombres, y probablemente veinte mil personas incluidos mujeres y niños.[2] Y vemos destellos de multitudes que se acercaban para oírle enseñar y verle sanar a los enfermos. Su "congregación" parece ser los setenta enviados a predicar acerca del reino, sanar los enfermos y echar fuera demonios. Pero el ministerio nuclear de Jesús, aquellos a los que pasó la mayor parte del tiempo preparando, eran los doce discípulos. De los doce, Jesús a menudo llamaba a tres para ser sus confidentes más próximos: Pedro, Santiago y Juan. Incluso su núcleo tenía otro núcleo.

En nuestras iglesias, el núcleo está compuesto por nuestros voluntarios, las personas que han demostrado un alto nivel de compromiso con Cristo y su causa. La principal responsabilidad del equipo es atraer, reclutar, colocar, entrenar y nutrir a tantos voluntarios como sea posible. He observado que enfocarse en los voluntarios es central para la estrategia de algunas iglesias, pero es una añadidura para otras. Yo miro la proporción entre la asistencia a la iglesia y los voluntarios que sirven. Si evaluamos un puñado de iglesias, vemos las diferencias.

No hay un porcentaje mágico que garantice el éxito al desarrollar líderes, pero cualquier cosa por encima de una proporción de 5 a 1 probablemente significa que los líderes de la iglesia están confiando demasiado en la elocuencia del pastor, en un bonito edificio o en unos programas muy buenos para atraer y mantener a las personas en el círculo de la congregación.

En un sondeo de equipos de liderazgo en cientos de iglesias de todo el país, el Vanderbloemen Search Group y el Unstuck Group identificaron tres prácticas que tuvieron el mayor impacto para desarrollar un fuerte núcleo de líderes:

- una estrategia intencional de desarrollo de liderazgo
- una inversión económica importante en desarrollo del equipo de trabajo
- una persona específica que es responsable de desarrollar líderes

El índice de crecimiento medio para las iglesias que implementan las tres prácticas resultó ser de un 22 por ciento. El índice de crecimiento para las iglesias que implementaron dos de ellas es prácticamente un tercio: un 8 por ciento. Pero solo el 11 por ciento de las iglesias en el sondeo implementan las tres prácticas. Más de siete de cada diez iglesias invierten en desarrollo de equipo de trabajo, pero solo el 19 por ciento de las iglesias tienen una estrategia para desarrollar líderes en sus congregaciones.[3]

El desarrollo de liderazgo no se produce por sí solo. Las organizaciones necesitan un plan global para ampliar el número de personas en el núcleo y afilar sus habilidades y eficacia. Este plan no puede ser un añadido; debe convertirse en algo central para la estrategia. Muchas personas han descrito una "tubería de liderazgo", con una amplia apertura para invitar a las personas en las congregaciones a apuntarse como voluntarios; y después, con formación, mentoría y participación, los que se involucran encuentran el lugar donde quieren servir, un lugar donde convergen oportunidad, capacidad, destreza y pasión. Por el camino, las personas quizá prueben muchos ministerios distintos. La mayoría de personas encuentran el lugar donde mejor encajan después de una época de experimentación.

#	ASISTENCIA DOMINICAL	VOLUNTARIOS (LÍDERES, GENTE, ETC)	PROPORCIÓN
1	1500	300	5
2	750	100	7.5
3	2400	800	3
4	1200	120	10

Los mismos principios sirven al desarrollo de empleados en una empresa. La empresa ha invertido más en nuevas contrataciones que las iglesias en nuevos voluntarios, así que el departamento de Recursos Humanos busca solicitantes con más minuciosidad que las iglesias analizan a quienes aparecen para servir. Pero las mejores empresas tienen situadas esas mismas tres prácticas para identificar a líderes emergentes, desarrollarlos y ubicarlos donde puedan ser más eficaces para la compañía.

Cuando hablo con líderes y les pregunto por sus metas de crecimiento, muchos me miran sorprendidos por mi pregunta y dicen: "Crecer tan aceleradamente como podamos". Yo les animo a que sean más específicos. Hay, claro está, muchos factores que determinan el tamaño y la velocidad de crecimiento, pero los líderes pueden al menos tener un objetivo específico a donde apuntar. El objetivo es entonces el que moldea sus planes para afilar sus sistemas y estructuras. En cada aspecto de la organización, pueden identificar un objetivo y una línea de tiempo: X porcentaje de crecimiento en Y longitud de tiempo. Por ejemplo, un pastor regresó con estas metas concretas:

Los números y tiempos de esta tabla no son una fórmula rígida para el éxito. El punto no es usar estas metas o proporciones, sino tener su propio objetivo específico. Esta tabla ilustra el tipo de conversaciones para que tengan los equipos de liderazgo al establecer metas visionarias y líneas de tiempo.

Alabanza	**De 400 a 600**	**En dos años**
Estudiantes	**De 75 a 150**	**En dos años**
Misiones de verano	**De 25 a 100**	**El año próximo**
Ministerio de mujeres	**De 75 a 120**	**En un año**
Ministerio de hombres	**De 50 a 75**	**En un año**
Voluntarios	**De 80 a 150**	**En dos años**

Desde mi perspectiva, el objetivo más importante del pastor son los voluntarios. De hecho, cada una de las áreas de ministerio necesita un objetivo de voluntarios. La cantidad y calidad de estas personas a menudo son los factores más importantes para alcanzar los objetivos específicos de cada ministerio. Los informes semanales, las evaluaciones de la plantilla y las celebraciones periódicas cambian de ser meras cifras al porcentaje de crecimiento en el núcleo de los voluntarios comprometidos, formados y apasionados. Así es como se alcanzarán las metas.

En las reuniones de la plantilla de trabajo, la tubería de liderazgo se convierte en uno de los temas constantes de conversación. En muchos aspectos, es la forma principal en que cada miembro de la plantilla en una empresa o iglesia, y cada voluntario clave en pequeñas iglesias, aprende a ver sus responsabilidades. Si el desarrollo de liderazgo no está progresando, algo tiene que cambiar.

Un malentendido común es que el entrenamiento de liderazgo se produce en salones de clase. De hecho, el conocimiento se puede impartir en clases, pero el entrenamiento se produce en el campo cuando las personas son expuestas a situaciones de la vida real y son entrenadas por alguien que ve potencial, acelera el crecimiento, y ayuda a las personas a superar la confusión, las dificultades y el fracaso. De nuevo, la vida de Jesús es nuestro modelo para desarrollo de liderazgo. De entre la multitud de personas interesadas que lo seguían, escogió a doce y derramó su vida en ellos. Parece que otros hombres y mujeres fueron parte de esta tropa que viajaba por toda Galilea, Samaria y Judea, pero Jesús se enfocó en los doce. Les enseñó mientras caminaban por los caminos polvorientos y alrededor de incontables fogatas y en hogares, pero nada de esto quedó estéril. Él les explicaba lo que ellos le habían visto hacer, y les explicaba lo que iban a verle hacer. Usaba temas comunes y cotidianos de la cultura para ilustrar sus puntos. Tras verle enseñar a miles, a menudo Él les apartaba para que pudieran hablar de lo que habían experimentado.

Jesús era increíblemente paciente y bondadoso, pero no era tímido a la hora de poner a sus seguidores en situaciones desafiantes. Los envió en parejas a hacer lo que le habían visto hacer a Él. Después, se dieron cuenta de que estaban en peligro porque las autoridades consideraban que Jesús era un revolucionario. Si querían matarlo a Él, ¡ciertamente les matarían a ellos!

Jesús fue el mayor líder de la historia del mundo. Sus seguidores son ahora más de dos mil millones esparcidos por toda la tierra, pero Él no les dejó un manual exhaustivo y una lista de tareas que seguir. Les dejó un mandato que llamamos la Gran Comisión, el cual yo llamo "la Gran Tarea". Su mandato a sus seguidores es a la vez extraordinariamente amplio y muy específico. Antes de ascender, les dijo: "*Se me ha dado toda autoridad en el cielo y en la tierra. Por tanto, vayan y hagan discípulos de todas las naciones, bautizándolos en el nombre del Padre y del Hijo y del Espíritu Santo, enseñándoles a obedecer todo lo que les he mandado a ustedes. Y les aseguro que estaré con ustedes siempre, hasta el fin del mundo*" (Mateo 28:18-20).

> El desarrollo de liderazgo es la forma en que las organizaciones saludables mantienen el crecimiento que han logrado, y es como continúan creciendo.

La misión es hacer discípulos de todas las naciones. ¡No puede ser más grande! ¿Cómo? Bautizando a los que crean y enseñándoles. ¿Qué habían de enseñar y cómo lo enseñarían? Los demás discípulos recibieron la tarea de seguir el modelo de Jesús: impartir verdad y gracia en el contexto de fuertes relaciones en cada situación concebible. La tarea es monumental y la estrategia es exhaustiva, pero no estamos solos. Jesús, Aquel que tiene toda autoridad "*en el cielo y en la tierra"*, está con nosotros por la presencia y el poder del Espíritu Santo. El desarrollo de liderazgo fue la estrategia ministerial central de Jesucristo. Su mensaje y su corazón se han esparcido por todo el mundo, comenzando con un puñado de personas que, a primera vista, no habrían sido consideradas como "los que más probabilidades tenían de tener éxito" entre quienes observaban ese trascendental día. Pero Jesús les había preparado, y con su poder y su amor, cambiaron el mundo.

Los grandes líderes proceden de un invernadero de crecimiento, donde el mensaje del evangelio, las motivaciones y los métodos se modelan e imparten mediante hombres y mujeres amorosos y talentosos. El desarrollo de liderazgo es la forma en que las organizaciones saludables mantienen el crecimiento que han logrado, y es como continúan creciendo.

A veces, los líderes tienen que inyectar una visión nueva en la vida de la organización para provocar una nueva ola de crecimiento. La terminación de un proyecto o el cumplimiento de una meta le da al líder y a sus equipos la confianza para probar algo nuevo, para inyectar una nueva ola de inestabilidad en la organización. Nuevas ideas y visiones mayores no se ven como amenazas, sino como la siguiente ola en una búsqueda interminable de *lo que podría ser* en lugar de conformarse con *lo que ya es*. Se visualizan nuevos productos, se identifican nuevos grupos que alcanzar, se consideran nuevas estrategias y se reclutan nuevos líderes.

Después de casi un siglo de uso continuo, el Canal de Panamá necesitó ser ampliado para albergar barcos modernos mucho más grandes.

PIENSA EN ESTO

Medita en estas preguntas y discútelas con tu equipo:

1. ¿Cuándo te diste cuenta de que conseguir tu principal meta no era el final de tu propio crecimiento y el crecimiento de tu organización? ¿Cómo manejaste esa realidad?
2. ¿Cuándo es insano el anhelo de estabilidad?

3. En una escala de 0 (inexistente) a 10 (excepcional), califica a tu organización en tu implementación de las tres prácticas de desarrollo de liderazgo. Explica tu respuesta a cada una:

   - una estrategia intencional de desarrollo de liderazgo
   - una inversión financiera importante en desarrollo de la plantilla de trabajo
   - una persona específica que sea responsable de desarrollar líderes

4. ¿Cómo le ayuda o le ayudaría a tu equipo a enfocar sus energías y desarrollar líderes el hecho de tener objetivos específicos y líneas de tiempo para el crecimiento en cada área de tu organización?

5. Describe cómo Jesús desarrolló a sus líderes. ¿Cómo es comparable esto con la estrategia de desarrollo de liderazgo en tu organización?

Recuerda: El tamaño y la velocidad de una organización están controlados por sus sistemas y estructuras.

CAPÍTULO 12

¿CUÁL ES EL PRÓXIMO GRAN SUEÑO?

Cuando la nación de Panamá tomó el control del Canal el último día de 1999, la recién formada Autoridad del Canal de Panamá se vio ante un serio problema. En los años recientes, las naciones habían construido cargueros más grandes que no cabían en las esclusas del Canal, así que estaban perdiendo negocio. El abortado esfuerzo de ampliar las esclusas antes de la Segunda Guerra Mundial era un recuerdo distante, pero era el momento de revivir la idea. Panamá convocó un referéndum en 2006, y el 76 por ciento de los votantes aprobaron un presupuesto de 5.250 millones de dólares.

Se invitó a las empresas a realizar diseños y presupuestos para que los considerase la autoridad. Un año después, sin embargo, un geólogo realizó un informe diciendo que el riesgo de Panamá de sufrir terremotos de hasta 8.0, un terremoto devastador, era mucho más alto de lo que previamente se había predicho. Aun así, tres consorcios de constructores prepararon ofertas para terminar la obra.

Tras más de un año de planificaciones y negociaciones, los tres grupos presentaron sus ofertas, incluyendo una dirigida por Bechtel, uno de los contratistas de construcción más respetados del mundo. A uno de los grupos, sin embargo, se le consideró en bancarrota y fuera de la competencia. En julio de 2009 se anunció que el consorcio con el respaldo financiero más débil, el que otros habían tachado como totalmente inepto e inaceptable, había sido seleccionado. La oferta fue de 3.200 millones de dólares, mil millones menos que la siguiente oferta más baja.

La construcción comenzó con nuevas esclusas que se diseñaron para tener una altura de 1.400 pies (426 metros) de longitud, 400 pies (122 metros) más largas que las que se habían usado durante casi un siglo. Las nuevas esclusas se diseñaron para que tuvieran 180 pies (55 metros) de ancho en lugar de los 110 pies (33,5 metros). Sin embargo, remolcadores en lugar de motores por raíles (o "mulas") serían los que moverían los barcos. Los remolcadores ocuparían espacio en las esclusas, así que los barcos más largos que cabrían serían de 1.200 pies (366 metros) de longitud. Aun así, las nuevas esclusas permitían albergar barcos con una capacidad de más de dos veces y media más que los anteriores. Mientras que los barcos más grandes que cabían previamente en las esclusas se llamaban barcos Panamax, las nuevas especificaciones de mayor tamaño permitían ahora que entrasen los denominados barcos Neopanamax.

El 9 de junio de 2016 el primer barco Neopanamax entró en las nuevas esclusas en el lado Atlántico del Canal. Faltaban dos semanas para la apertura oficial, pero la Autoridad quería asegurarse de que las nuevas esclusas estaban operativas. Solo semanas después de la apertura, uno de los primeros barcos en hacer el cruce, un contenedor chino llamado *Xin Fei Zhou*, golpeó una pared, haciendo una rotura al casco. El barco quedó fuera de servicio hasta poder ser reparado, con un costo de varios cientos de miles de dólares, aproximadamente la cantidad de dinero que se había ahorrado la empresa por usar el Canal. Los oficiales del Canal afirmaron que el daño era menor, e insistieron en que las nuevas esclusas eran seguras.

Se produjo un problema adicional porque los barcos más grandes tienen un calado más profundo, lo cual requiere unas esclusas y canales más hondos. Durante una sequía, el sistema del río no tenía suficiente agua para suplir adecuadamente al Canal, así que algunos de los barcos más grandes tuvieron que aligerar sus cargas para poder cruzar. El progreso en el Canal llegó con muchos reveses, pero aún así fue un progreso.

El rediseñado Canal de Panamá ha creado efectos en cadena en puertos de todo el mundo, y especialmente en las costas americanas. Algunas vías férreas han tenido que anticipar menos cargamento a medida que el costo del envío por el Canal ha hecho que el transporte marítimo sea más competitivo. No mucho después de terminar el proyecto de ampliación, los oficiales en puertos de la Costa Oeste tenían la esperanza de poder mantener su actual volumen, pero puertos en el Atlántico y la Costa del Golfo esperaban una posible bonanza. En los años después de estar operativas las nuevas esclusas, Savannah (Georgia) planificó invertir más de 700 millones de dólares en ampliar sus instalaciones portuarias para manejar barcos más grandes, y Nueva York está en proceso de elevar el puente Bayonne para que los barcos grandes puedan pasar por debajo del ferrocarril. Los productos agrícolas y el gas natural del Medio Oeste ahora pueden discurrir desde los puertos de la Costa del Golfo por el Canal hasta los destinos en Asia.

Los habitantes de Panamá esperan que el nuevo y mejorado Canal impulse su economía. Hicieron una gran apuesta por el éxito de la ampliación. Hasta ahora, los fleteros se están programando para hacer el tránsito con barcos más grandes. El verdadero impacto de la nueva construcción no se conocerá del todo hasta dentro de unos años, pero el Canal continuará jugando un papel enorme en el transporte de comercio y recursos militares del mundo.

¿QUÉ HAY DESPUÉS?

¿Por qué algunos líderes esperan tanto para lanzar una nueva ola de crecimiento? Pueden existir muchas razones. Algunos simplemente no se dan cuenta de que sus organizaciones se están erosionando delante de sus ojos, otros tienen miedo al retroceso que indudablemente sentirán si lanzan una nueva iniciativa, y unos pocos sencillamente están agotados y les falta la energía para liderar el cambio. Sea cual sea la razón, estos líderes y sus organizaciones desaprovechan la oportunidad de aumentar su tamaño y velocidad porque no revitalizan sus sistemas y estructuras.

Podríamos mirar la reciente ampliación del Canal de Panamá y concluir que estos líderes esperaron demasiado. Los constructores navales habían estado construyendo barcos más grandes durante años, barcos que no podían pasar por el Canal. Pocos de ellos hicieron el viaje alrededor de la punta de Sudamérica a otro océano, así que estaban relegados a cruzar por el Atlántico o el Pacífico. Si dijéramos que la Autoridad del Canal de Panamá esperó demasiado, estos oficiales responderían que no tuvieron el control de la zona hasta 1999, y en ese punto se movieron lo más rápido que pudieron con el masivo proyecto. Siempre hay razones y excusas para evitar lanzar proyectos nuevos y atrevidos. Los grandes líderes como Theodore Roosevelt encuentran formas de avanzar a pesar de ellas.

¿Están los verdaderos líderes satisfechos en algún momento? ¿Es suficiente cierto nivel de tamaño y velocidad? ¿No hay más montañas que escalar ni nuevas tierras que descubrir? ¿Es aceptable el crecimiento gradual, o es tiempo de lanzar algo que impulsará a la organización a un nivel más alto?

PREGUNTAS CLAVE

Si eres un líder, quizá estés pensando en un nuevo producto, un nuevo mercado, un nuevo edificio o una nueva estrategia, pero aún no se lo has dicho a nadie. Hasta ahora la idea ha sido imprecisa, pero está tomando forma. Estás en la fase de consideración previa de la planificación. Estás emocionado con las posibilidades, pero tienes miedo de que no funcione y que las personas piensen que has perdido el juicio. En cuestión de minutos estás indeciso con la idea. Te despiertas a mitad de la noche con nuevas ideas de cómo podría funcionar, pero también te despiertas con un sudor frío porque podría costarte todo. No sabes a quién le podrías confiar tu secreto, pero no puedes contenerlo mucho más tiempo.

Voy a sugerir algunas preguntas a considerar:

- ¿Es la nueva idea un afinamiento de un plan actual, o es un salto drástico?
- ¿Puedes conseguir el mismo objetivo haciéndolo lentamente, o puede la meta cumplirse solo siendo valiente? En otras palabras, ¿es la línea de tiempo la única variable real?
- ¿Quién es la mejor persona que te escuchará con atención y te dará una retroalimentación sabia? Encuentra a alguien que no tenga parte en la decisión y que pueda ser totalmente objetivo, no un amigo que te dirá lo que cree que quieres oír.
- ¿Cómo te ayudará esta persona a reunir tus pensamientos esparcidos y opuestos para que se vuelvan más convincentes?
- ¿Cuál es el objetivo real? ¿Qué logrará esta nueva idea? ¿Qué necesidad acuciante suplirá? Un nuevo producto, objetivo de ventas, edificios o programación no es el objetivo real. Son medios, no fines. Para las organizaciones sin fines de lucro, el verdadero objetivo podría ser

proporcionar recursos para personas que están en desesperada necesidad. Las iglesias quieren alcanzar a personas no alcanzadas, ser las manos y los pies de Cristo para tocar a los que están en necesidad, y tener un impacto profundo en la comunidad. Las empresas quieren elevar el precio de las acciones, aumentar la participación en el mercado, construir credibilidad en el mercado, elevar el rango de crédito de la empresa y dar beneficios para los accionistas.

- ¿Tienes suficiente gasolina en el tanque para ver el plan hasta su término? ¿Y tienes suficiente ancho de banda para poner tiempo y energía en este proyecto? Si no, ¿hay alguien que pueda tomar el testigo y llevarlo hasta la línea de meta? David llevó el arca del pacto de regreso a Jerusalén, pero su hijo Salomón construyó el templo, la casa permanente de Dios (Ver 2 Samuel 6; 1 Reyes 6.).
- ¿Tienes suficiente margen emocional para manejar la resistencia y el ridículo? ¿Tienes suficiente fuerza psicológica para tratar con tus propias dudas y predecir?
- ¿Respaldarán los principales accionistas este esfuerzo? Todo gran proyecto tiene un gran requisito, y no es el dinero; es el apoyo y la participación de personas clave. Puede que sean miembros del consejo directivo o capitalistas arriesgados que están dispuestos a asumir el riesgo contigo. Si creen en ti y en tu visión, el dinero llegará.
- Todos los grandes esfuerzos tienen un costo. ¿Qué te costará a ti? ¿A qué tienes que renunciar para que esto suceda? Si crees que puedes añadir una nueva aventura a tus actuales responsabilidades y calendario, la mediocridad y el fracaso están a la vuelta de la esquina.
- ¿Tienes que lanzar la nueva visión para crear entusiasmo para construir los nuevos sistemas y estructuras para terminarla, o tienes que trazar cuidadosamente los sistemas y estructuras primero antes de anunciar la nueva iniciativa? Muchos líderes suponen que la visión debe ir primero, pero es una posición muy fuerte poder anunciar que los sistemas y las estructuras están en su lugar.

Los accionistas siempre quieren ver más los detalles que la gran idea de una visión. Insisten en entender cómo se logrará el plan. Intuitivamente preguntan: "¿Realmente puedes hacer esto? ¿Estás preparado?". Sus preguntas acerca de la preparación señalan a los sistemas y estructuras que ya existen o que se están instalando. Hacen las mismas preguntas que yo he enumerado para que los líderes se hagan a sí mismos. Quizá tienes la visión de un enorme Airbus 380 que lleve a 853 pasajeros, pero tus accionistas quieren saber cómo construirás las pasarelas y las puertas para él. Es más impresionante si puedes mostrarles que la pasarela ya está construida, o al menos bastante avanzada en su construcción.

Antes de expresar la visión, anticipa las preguntas de los accionistas. Si puedes responder a sus preguntas, las objeciones se reducirán al mínimo. Sería sabio poder decirles algo así: "Este es un nuevo proyecto de tamaño y velocidad, y la buena noticia es que ya tenemos los sistemas y las estructuras situadas para lograrlo. Nuestro equipo ha estado trabajando mucho durante los últimos dieciocho meses para prepararse para este lanzamiento. Hemos contratado personal para la nueva tarea, hemos destinado esta cantidad de dinero para comenzar, hemos reajustado prioridades y hemos escrito nuevas descripciones de trabajo. ¡Estamos listos!".

Si pretendes lanzar un nuevo producto, explica los resultados de tu prueba de mercado. Si quieres construir un nuevo edificio, diles cómo has cumplido con el consejo de zona de la ciudad para tener los permisos necesarios. Habla sobre cómo has reajustado tu estructura para que el nuevo organigrama organizacional refleje las responsabilidades añadidas. Durante todas tus explicaciones, dibuja un cuadro claro de cómo todos estos esfuerzos suplirán una necesidad acuciante y cambiarán vidas. Una visión atractiva toca los corazones, y un plan claro inspira las mentes y disipa los temores.

Cuando seas expuesto a la gran idea de otro líder, detente y pregunta: "¿Qué gran necesidad está supliendo?". Abrir una nueva tienda puede que tenga sentido, pero solo si sitúa a tu empresa en una zona en la que tus productos no están disponibles de inmediato. Construir una iglesia más grande no tiene sentido si no estás llegando a un nuevo grupo demográfico, y tus actuales instalaciones no están llenas a rebosar. Un nuevo programa para parejas jóvenes no tiene sentido a menos que quieras atraer a parejas que tienen necesidades acuciantes de aprender a ser buenos cónyuges, padres amorosos, y diestros en el manejo de su dinero. Hoy día la comodidad es un valor alto, así que una iglesia puede suplir esta necesidad proveyendo un acceso fácil a los servicios, o una farmacia podría ofrecer enviar por correo las medicinas en vez de hacer a las personas ir a la tienda.

Mira más adentro para descubrir las verdaderas necesidades en las vidas de las personas. Ellos no necesitan un nuevo edificio, programa o producto, pero el edificio, programa o producto podría ser una manera eficaz de suplir su necesidad.

Cuando Panamá se hizo cargo de la Zona del Canal, las necesidades de la industria del transporte marítimo no estaban siendo satisfechas. El objetivo de ampliar el Canal no era meramente tener algo más grande y mejor, sino suplir la apremiante necesidad de facilitar el transporte a todo el mundo. El ímpetu para ampliar las esclusas y excavar accesos más profundos también vino de la posibilidad de la competencia. Los planificadores habían resucitado los antiguos planos para construir un canal a través de Nicaragua, el cual podría haber dejado obsoleto al de Panamá. La Autoridad del Canal de Panamá tenía entonces dos necesidades apremiantes que les impulsaban hacia delante: una interna y otra externa.

A medida que las empresas encontraban otros medios para transportar bienes, haciendo que el negocio en el Canal comenzara a retirarse, los oficiales de la Autoridad comenzaron a preguntarse: "¿Por qué no nosotros? ¿Por qué no aquí? ¿Por qué no ahora?". Decidieron que la respuesta a esas preguntas era clara: no había una ruta mejor para el transporte, no había mejores sistemas que las esclusas, y no había un plan mejor que el de ampliar las esclusas existentes para dar cabida a barcos más grandes. Decidieron que era el momento idóneo para un gran proyecto de expansión.

Ve a conferencias y escucha las grandes cosas que otros líderes están haciendo, habla con tus amigos que están haciendo cosas maravillosas en sus organizaciones, y lee artículos y libros sobre iniciativas valientes, pero *no saques conclusiones*. Detente a pensar en las necesidades que esas organizaciones están supliendo. Si existen las mismas necesidades en tu mundo, considera suplirlas, pero realiza tu propio plan para que encaje en tu comunidad y tus circunstancias. La meditación, no obstante, quizá dé lugar a que surja una necesidad muy distinta que suplir en tu organización, o quizá te des cuenta de que estás en una fase de consolidación para cimentar las ganancias que has logrado recientemente. Pero no esperes demasiado durante la consolidación: ¡estás avanzando hacia el Punto B de una forma o de otra!

> Una visión que capte los corazones impulsa a la organización hacia delante.

Piensa, habla con personas sabias, y mantente enfocado en las necesidades apremiantes de tu comunidad. Si no estás supliendo una necesidad real, tus planes generarán poco entusiasmo inicial e incluso menos ímpetu para sostener el esfuerzo. Una visión que capte los corazones impulsa a la organización hacia delante. Con ella, lideras a personas motivadas, y sin ella, diriges a las personas y demandas conformidad. Cuando la visión no está basada en una necesidad, los líderes deben venderla continuamente a las personas, especialmente a los miembros de su plantilla, para mantenerles arriba, pero tarde o temprano la confianza se erosiona y el equipo se vuelve reticente.

Cuando un equipo de liderazgo está movido a la acción por el proyecto de suplir necesidades en las vidas de las personas de la comunidad, los miembros del equipo sueñan despiertos con nuevas ideas casi tanto como lo hace el líder. Se meten en su trabajo con un enorme entusiasmo, compartiendo sus corazones con todos los que se encuentran y superando los retos de manera creativa. Hacen investigación porque quieren que sus esfuerzos tengan éxito, y reclutan alegremente a otros para que se unan a ellos en el trabajo.

Por ejemplo, quizá un líder identifica la necesidad de llegar a jóvenes adultos que se sienten menospreciados en la comunidad. El líder quizá pide a alguien de su equipo que forme un pequeño equipo de dos parejas jóvenes y tres solteros que lean sobre este grupo demográfico, entrevistando a muchos de ellos y dando un reporte en un mes. Su reporte al equipo de trabajo está basado tanto en la investigación académica como en la evidencia anecdótica para identificar las cinco necesidades principales en las vidas de los jóvenes adultos que viven razonablemente cerca de la iglesia.

Cuando se conocen claramente las necesidades, entonces el equipo temporal o la plantilla pueden comenzar a trazar planes para suplir esas necesidades, incluyendo programas, instalaciones, un presupuesto y, por supuesto, liderazgo de este esfuerzo. Cuando se tengan los planes, la iglesia puede anunciarlos en plataformas de comunicación que conecten con esa audiencia. El estilo, los mensajes y el liderazgo quedan moldeados por la idea clara de la necesidad que están intentando suplir.

El estilo, los mensajes y el liderazgo quedan moldeados por la idea clara de la necesidad que están intentando suplir.

RELANZAMIENTO

Si eres suficientemente astuto para anticipar la necesidad de cambio en el Punto A de la curva, o si te das cuenta de que tu empresa o iglesia ya establecida se está erosionando hacia el Punto B, es tiempo de relanzar tu proyecto. Voy a hacer algunas sugerencias mientras consideras tus siguientes movimientos.

- *Sé despiadadamente honesto.* No pongas cristales teñidos de rosa, ni optimismo ciego ni excusas. Reconoce la trayectoria de tu crecimiento, estancamiento o declive, y ten las agallas de decirles la verdad sin barnizar a tu equipo y consejo de dirección.

- *Dedica tiempo a soñar.* Solo te estancas si decides quedarte ahí. Puedes levantarte y continuar de nuevo, pero necesitas una Estrella Polar, una motivación impulsora, un sueño que cautive tu imaginación. No puedes fabricar una visión. Como hemos visto, debería salir de una profunda sensación de necesidades en las vidas de otros. Si esa necesidad no se está supliendo, sus vidas se verán perjudicadas o carentes de alguna manera importante. Un sueño se puede cristalizar en un momento, pero la inmensa mayoría de las veces toma forma con el tiempo. Pídele a Dios que te dé algo que te quite el sueño, no con preocupación, sino con anticipación de lo que Él podría hacer en ti y a través de ti.

- *Encuentra un buen coach o mentor.* Somos mejores cuando tenemos un colaborador, alguien que nos dice la verdad a pesar de cuál pueda ser la verdad. Necesitamos a alguien que conozca lo bastante bien para destacar las fortalezas a fin de que podamos trabajar desde ellas, y que sea honesto acerca de las banderas amarillas y rojas que vea en nuestra vida. Necesitamos más que un amigo; necesitamos a una persona totalmente objetiva y perspicaz que haya estado donde nosotros queremos ir y que sepa cómo ayudarnos a llegar allí.

- *Sé un continuo estudiante.* Los grandes líderes son esponjas que se empapan de información. Lee libros desafiantes, escucha oradores brillantes en *podcasts*, y habla con líderes en otros campos para ver cómo su experiencia podría corresponderse contigo y con tu organización.
- *Confía en tus instintos.* La mayoría de los líderes han llegado a sus posiciones porque tienen un sexto sentido con respecto a las personas, los sistemas y las oportunidades para el futuro. Todos nos hemos quemado alguna vez cuando nuestros instintos nos llevaron a tomar decisiones que no resultaron muy bien. Eso sucederá. Pero los mejores líderes no abandonan el don que les llevó donde están hoy. Si tus instintos te están empujando a liderar en una dirección que quizá no es popular, asegúrate de recibir la opinión de tu coach para confirmar tu dirección y estar preparado ante la resistencia.
- *Espera dificultades, pero intenta evitar crearlas.* Los líderes tienen objetivos en su mente, pero también tienen objetivos en su espalda. Todo esfuerzo significativo está lleno de drama, reveses y circunstancias imprevistas. No te sorprendas cuando las encuentres, a pesar de lo claro que creas que es Dios guiándote. Nadie estuvo más en sintonía con Dios que Jesús, y su obediencia lo llevó al abandono, el ridículo, el sufrimiento y la muerte. Por fortuna, muy pocos nos vemos ante este tipo de dificultad al seguir a Dios, pero Jesús nos invitó a tomar nuestra cruz y seguirle, así que la obediencia a su llamado inevitablemente conlleva alguna medida de dolor o sufrimiento.
- *No optes por el camino más barato.* La Autoridad del Canal de Panamá seleccionó el consorcio que dio el presupuesto más bajo, pero el costo sobrepasó el precio más alto de los presupuestos. Es tentador intentar reducir costos al principio. Pide la opinión de los expertos para asegurarte de que tus planes y costos sean razonables.
- *Cuidado con el crecimiento adicional.* He visto granjas que añadieron habitaciones durante el transcurso de los años cuando nacieron más

niños, parejas jóvenes regresaron a vivir al hogar, o los abuelos necesitaron cuidados durante sus últimos años. Estas casas comenzaron con un plan de suelo factible, pero las habitaciones adicionales se añadieron en lugares extraños. Tras un tiempo, la casa parecía una curiosidad, con pasillos y habitaciones en lugares extraños.

Cuando planificamos el crecimiento en nuestras organizaciones, tenemos que tener cuidado de no crear una monstruosidad de añadidos. A veces es mejor dar un paso atrás, entender que necesitamos un plan totalmente nuevo, derribar y reconstruir. Cuesta más en el momento de la construcción, pero será mucho más útil en los años venideros. La metáfora es de una casa, pero el concepto sirve para programas, líneas de productos y mercados.

- *No te desconectes de las personas.* En el estrés y el ajetreo de relanzar una organización, los líderes se pueden preocupar mucho con los detalles y las fechas límite, y pasar por alto a las personas que les rodean. Toma tiempo para hablar con tu plantilla sobre cómo les va, cómo están manejando su propio estrés, y cómo puedes ayudarles. Y saca tiempo de forma regular para pasarlo con las personas cuyas necesidades está intentando suplir el relanzamiento. Conócelos, escucha sus historias, y deja que sus necesidades te toquen una y otra vez.

- *Busca lo mejor en cada persona.* Las grandes transiciones en las organizaciones crean fricción, y la fricción puede convertirse fácilmente en el fuego lento del resentimiento. Intenta ser positivo, optimista y agradecido. Cuando te encuentres con resistencia, ten cuidado de no etiquetar a esas personas como "el enemigo". En cambio, busca fortalezas en ellos que puedas elogiar, y servicio que puedas agradecerles. Recuerda: el amor cubre multitud de pecados.

- *Vacíate en tus mejores personas.* Es tentador dedicar nuestro tiempo y energía a las pocas personas que son relativamente reticentes, lentas e ineficaces. Cuando nos enfocamos en ellas, nos agotamos y desanimamos. En cambio, emplea más energías interactuando con tus mejores personas, apoyándolos, y proporcionando recursos que necesiten para hacer un trabajo sobresaliente. Cuando sea posible, deja que alguien más se ocupe de los otros, y cuando sea necesario, reasígnales o déjalos ir y sustitúyelos.

- *Inspira a tu equipo con sentido.* No dejes que cada reunión se hunda en el fastidioso trabajo de reportes detallados y números aburridos. Ciertamente, deberías cubrir los asuntos importantes que tienen que ver con los sistemas y las estructuras, pero asegúrate de establecer la clara conexión de forma regular y apasionada con la necesidad y la visión, para que las tareas tengan sentido para todas las personas del equipo.
- *Mantén tus propios fuegos encendidos.* No pierdas de vista tu tanque de gozo, ¡y asegúrate de que siempre esté lleno! Busca formas de disfrutar de tu trabajo. Asegúrate de pasar más tiempo en lo que te gusta y menos en el resto. Esto puede parecer egoísta, pero no lo es. Tu equipo y tu visión te necesitan entusiasta y optimista. De hecho, todo depende de tu actitud a lo largo del proceso.

Si esta es tu última iniciativa, tu último año como líder de tu organización, sal de forma sabia y elegante. Haz que el relevo sea una experiencia agradable y positiva para todos. No dejes que se formen divisiones. Trabaja con el equipo de transición para seleccionar a la mejor persona para reemplazarte, allana el camino para esa persona transfiriendo claramente la responsabilidad y la lealtad, muestra a las personas que confías en el proceso de selección y en el nuevo líder, y después suelta cuando llegue el momento. Dale gracias a Dios por todo lo que Él ha hecho a través de ti, y celebra lo que Dios hará en el futuro.

El Canal de Panamá fue el proyecto de construcción más grande y desafiante que el mundo jamás había conocido. Theodore Roosevelt reconoció la apremiante necesidad de que el comercio viajara más fácilmente entre los océanos, y al margen de los errores del pasado, creyó que era posible excavar un camino en la jungla entre los mares. El tamaño y la velocidad del proyecto exigieron sistemas elaborados y caros para reducir de tamaño una montaña, excavar canales en ambos puertos, contener un río impredecible, y construir enormes esclusas y puertas. Estos sistemas solo los pudieron crear los mejores ingenieros, los trabajadores más dedicados y la perspicacia de un doctor brillante. Los franceses gastaron millones y las vidas de veintidós mil personas en su fallido intento. El esfuerzo estadounidense duró diez largos y duros años y costó más de cinco mil vidas, pero cuando se terminó el Canal, logró de forma magnífica su propósito.

Al final de su monumental historia escrita de la construcción del Canal, David McCullough reflexionó:

> La creación de un pasadizo acuático a través de Panamá fue uno de los logros humanos supremos de todos los tiempos, la culminación de un sueño heroico de cuatrocientos años y más de veinte años de esfuerzo y sacrificio fenomenales. Las cincuenta millas (ochenta kilómetros) entre los océanos quedaron entre las más difíciles ganadas por el esfuerzo humano y la ingenuidad, y ninguna estadística sobre tonelaje o peajes puede ni comenzar a expresar la grandeza de lo que se logró. Principalmente, el canal es una expresión de ese antiguo y noble deseo de unir la división, de juntar personas. Es una obra de civilización.[1]

Nuestro trabajo como líderes está lleno de la misma nobleza, visión y dificultad. En nuestras organizaciones, nuestra tarea es unir la división entre lo que es y lo que podría ser, es dar sentido a los que han perdido la esperanza, es dar valor a personas que quieran una vida mejor, y establecer conexiones humanas más abundantes y más significativas. Nuestro trabajo como líderes no es menor que este, y nuestro desafío es muy parecido al que enfrentaron quienes miraron las junglas de Panamá y se preguntaron: "¿Realmente podemos hacer esto?". Ellos respondieron: "Sí, podemos".

Nuestra tarea es unir la división entre lo que es y lo que podría ser.

Esa es también nuestra respuesta.

PIENSA EN ESTO

Medita en estas preguntas y discútelas con tu equipo:

1. ¿Cuál es tu siguiente montaña que escalar?
2. Responde estas preguntas:
   - ¿La nueva idea es una afinación del plan actual, o es un salto drástico?
   - ¿Puedes lograr el mismo objetivo yendo despacio, o la meta solo se puede cumplir siendo valiente? En otras palabras, ¿es el programa la única variable real?
   - ¿Quién es la mejor persona que escuchará detenidamente y te dará una retroalimentación sabia?
   - ¿Cómo te ayudará esta persona a reunir tus pensamientos esparcidos y opuestos para que sean más convincentes?
   - ¿Cuál es el objetivo real? ¿Qué conseguirá esta nueva idea? ¿Qué necesidad suplirá?
   - ¿Tienes gasolina suficiente en el tanque para asegurarte de que el plan se termine? ¿Tienes suficiente ancho de banda para dedicar tiempo y energía a este proyecto? Si no, ¿hay alguien que pueda recoger el testigo y llevarlo hasta la línea de meta?
   - ¿Tienes suficiente margen emocional para manejar la resistencia y el ridículo? ¿Tienes suficiente fuerza emocional para tratar con tus propias dudas y predecir?
   - ¿Respaldarán los principales accionistas este esfuerzo?
   - Todos los grandes esfuerzos tienen un costo. ¿Qué te costará a ti? ¿Qué tendrás que dejar para que esto suceda?
   - ¿Necesitas lanzar la nueva visión para crear entusiasmo para edificar los nuevos sistemas y estructuras para conseguirlo, o necesitas

trazar cuidadosamente los sistemas y estructuras primero antes de anunciar la nueva iniciativa?

3. Repasa las sugerencias de la última sección del capítulo. ¿Cuáles de ellas tienes que implementar pronto? ¿Qué diferencias marcarán?

4. ¿Cuáles son los tres o cuatro principios más importantes que has aprendido de este libro? ¿Cómo los aplicarás?

Recuerda: El tamaño y la velocidad de una organización están controlados por sus sistemas y estructuras.

NOTAS

Introducción

1. MI News Network, "AAPA: U.S. Ports Plan to Invest $154 Billion By 2020", Marine Insight, actualizado el 7 de abril de 2016, http://www .marinein-sight.com/shipping-news/aapa-u-s-ports-plan-invest- 154-billion-2020/.

2. Jim Collins, *Good to Great: Why Some Companies Make the Leap... and Others Don't* (New York: HarperCollins, 2001), p. 13.

Capítulo 1: ¿Cómo defines la necesidad?

1. Para saber más sobre estas fases, lee el capítulo 7 de mi libro *Cracking Your Church's Culture Code* (San Francisco: Jossey-Bass, 2011).

2. Para saber más sobre la cultura organizacional, lee mi libro *Cracking Your Church's Culture Code.*

Capítulo 2: ¿Cómo manejas un fracaso colosal?

1. Max De Pree, *Leadership Is an Art* (New York: Doubleday, 1987), p. 11.

Capítulo 3: ¿Dónde encuentras pasión y propósito nuevos?

1. William Andrews, "The Early Years: The Challenge of Public Order—1845 to 1870", New York City Police Department History Site at the Wayback Machine, https://web.archive.org/web/20060930063300 /http://nyc. gov/html/nypd/html/3100/retro.html.

2. Peggy Samuels y Harold Samuels, *Teddy Roosevelt at San Juan: The Making of a President* (College Station, TX: Texas A&M University Press, 1997), p. 266.

3. "Theodore Roosevelt," Miller Center of Public Affairs, University of Virginia, http://millercenter.org/president/roosevelt.

4. Theodore Roosevelt, "First Annual Message" to Congress, 3 de diciembre de 1901, *The American Presidency Project*, http://www.presidency. ucsb. edu/ws/?pid=29542.

5. Charles Handy, *The Age of Paradox* (Cambridge: Harvard Business Press, 1995), pp. 49–68.

6. Para más información sobre la Curva Sigmoide, ver mi libro *Cracking Your Church's Culture Code*, pp. 120–27.

7. John Dewey, *How We Think* (New York: D. C. Heath, 1910), p. 78, citado por Colin M. Beard y John Peter Wilson, *Experiential Learning: A Handbook for Education, Training, and Coaching*, 3rd ed. (London: Kogan Page, 2013).

8. Brené Brown, *Daring Greatly: How the Courage to Be Vulnerable Transforms the Way We Live, Love, Parent and Lead* (New York: Penguin Books, 2012), p. 37.

9. "Then and Now: The Panama Canal", American Experience, PBS, http://www.pbs.org/wgbh/americanexperience/features/then-and -now/panama/.

Capítulo 4: ¿Cómo desarrollas el plan correcto?

1. Observaciones de Stevens a Shonts, 19 de diciembre de 1905, en David McCullough, *The Path Between the Seas: The Creation of the Panama Canal, 1870–1914* (New York: Simon & Schuster, 1977), p. 480.

2. Ibid., p. 481.

3. Del testminio de Murrow como director de USIA ante un Comité del Congreso, Mayo de 1963."About U.S. Public Diplomacy", PublicDiplomacy.org, http://pdaa.publicdiplomacy.org/?page_id=6.

4. Dwight D. Eisenhower,"The President's News Conference", 14 de noviembre de 1956, The American Presidency Project, http://www .presidency.ucsb.edu/ws/?pid=10702.

Capítulo 5: ¿Qué hay en tu maleta?

1. William Manchester, *A World Lit Only by Fire: The Medieval Mind and the Renaissance* (New York: Little, Brown, 1992), p. 22.

2. Richard A. Swenson, *Margin: Restoring Emotional, Physical, Financial, and Time Reserves to Overloaded Lives* (Colorado Springs: NavPress, 2004), p. 60.

3. Robert P. Jones, "The Eclipse of White Christian America", *Atlantic*, 12 de julio de 2016, http://www.theatlantic.com/politics/archive/2016/07/the-eclipse-of-white-christian-america/490724/.

4. David McCullough, *The Path Between the Seas: The Creation of the Panama Canal, 1870–1914* (New York: Simon & Schuster, 1977), p. 438.

Capítulo 6: No te esperabas esto, ¿verdad?

1. Comentario de Dr. Alexander Lambert, citado en "Yellow Fever and Malaria in the Canal", American Experience, PBS, http://www.pbs .org/wgbh/americanexperience/features/general-article/panama-fever/.

2. Ver Génesis 3; 27; 29:14–30:21; Números 11.

Capítulo 7: ¿Cómo manejas la oposición?

1. David McCullough, *The Path Between the Seas: The Creation of the Panama Canal, 1870–1914* (New York: Simon & Schuster, 1977), pp. 503–4.

2. Carta de Stevens del 30 de enero de 1907, I.C.C records, *Annual Reports 1904–1914*.

3. "N. T. Wright Quotes—Página 3", AZ Quotes, http://www.azquotes.com/author/15971-N_T_Wright?p=3.

Capítulo 8: ¿Cómo puedes conseguir que tus sistemas se muevan?

1. Joseph Bucklin Bishop y Farnham Bishop, *Goethals: Genius of the Panama Canal; A Biography* (New York: Harper and Bros., 1930), p. 144.

2. Brian Herbert y Kevin J. Anderson, *Dune: House Harkonnen* (New York: Bantam Books, 2000), p. 532.

Capítulo 10: ¿Cómo puedes producir tensión creativa?

1. Walter Leon Pepperman, *Who Built the Panama Canal?* (New York: E. P. Dutton, 1915), p. 125.

2. David McCullough, *The Path Between the Seas: The Creation of the Panama Canal, 1870–1914* (New York: Simon & Schuster, 1977), p. 504.

3. Peter Drucker, *Management: Tasks, Responsibilities, Practices* (New York: Routledge, 2011), p. 379.

Capítulo 11: ¿Termina esto algún día?

1. Adaptado de los conceptos de Rick Warren bosquejados en *The Purpose Driven Church* (Grand Rapids: Zondervan, 1995), y más específicamente en Make Believe, *Purpose Driven Campaigning: 40 Key Principles for Growing Social Movements* (Surrey, AU: Make Believe), http://www.jrmyprtr.com/wordpress/wp-content/uploads/2014/01/purpose-driven-campaigning.pdf.

2. Ver Mateo 14:13–21; Marcos 6:30–44; Lucas 9:10–17; Juan 6:1–15.

3. Vanderbloemen Search Group and the Unstuck Group, *Next Level Teams: How Fast-Growing Churches Are Mobilizing Their Staff*, 13, disponible en https://tonymorganlive.com/store/next-level-teams/.

Capítulo 12: ¿Cuál es el próximo gran sueño?

1. David McCullough, *The Path Between the Seas: The Creation of the Panama Canal, 1870–1914* (New York: Simon & Schuster, 1977), pp. 613–14.

BIBLIOGRAFÍA

Gran parte de la información acerca de la construcción del Canal de Panamá viene del libro de David McCullough *The Path Between the Seas* (New York: Simon & Schuster, 1977).

Otra fuentes incluyen las siguientes:

American Experience. "Then & Now: The Panama Canal". PBS. http://www.pbs.org/wgbh/americanexperience/features/then-and-now/panama/.

———. "Theodore Roosevelt and the Panama Canal". PBS. http://www.pbs.org /wgbh/americanexperience/features/general-article/tr-panama/.

———. "Timeline: Creating the Canal". PBS. http://www.pbs.org/wgbh / americanexperience/features/timeline/panama/.

———. "Yellow Fever and Malaria in the Canal". PBS. http://www.pbs.org/wgbh /americanexperience/features/general-article/panama-fever.

Bishop, Joseph Bucklin. *Goethals: Genius of the Panama Canal; A Biography*. New York: Harper and Bros., 1930.

Bogdanich, Walt, Ana Graciela Mendez, y Jacqueline Williams. "Panama Takes $3 Billion Bet on Wider Canal". *International New York Times*, 24 de junio de 2016.

Brown, Brené. *Daring Greatly*. New York: Penguin Books, 2012.

Bryant, Adam. "When Titles Get in the Way". *New York Times*, Business, 6 de junio de 2014.

Caraballo, Hector. "Emergency Department Management of Mosquito-Borne Illness: Malaria, Dengue, and West Nile Virus". *Emergency Medicine Practice*, Mayo de 2014.

"Central American Canal Routes Considered". *The Geography of Transport Systems*. https://people.hofstra.edu/geotrans/eng/ch1en/appl1en/map _central_american_canal_routes.html.

Collins, Jim. *Good to Great*. New York: HarperCollins, 2001.

De Pree, Max. *Leadership Is an Art*. New York: Doubleday, 1987.

Drucker, Peter. *Management*. New York: Taylor & Francis Group, 1974.

Fierman, William. "The New Panama Canal Is Opening Soon and Will Cause an 'Evolution' in a Vital US Industry". *Business Insider*, Mayo de 2016.

"HMS *Dreadnought* Dreadnought Battleship". Military Factory. http://www.militaryfactory.com/ships/detail.asp?ship_id=HMS-Dreadnought.

Isthmian Canal Commission. *Annual Reports 1904–1914*.

Jackson, Eric. "8 Reasons Your Best People Are About to Quit—and How You Can Keep Them". *Forbes*, 11 de mayo de 2014.

Jones, Robert P. "The Eclipse of White Christian America". *Atlantic*, 12 de julio de 2016. http://www.theatlantic.com/politics/archive/2016/07/the-eclipse-of-white-christian-america/490724/.

Kotter, John P. "Leading Change: Why Transformation Efforts Fail". *Harvard Business Review*, Marzo–Abril 1995.

Lapin, David. "How Intangible Corporate Culture Creates Tangible Profits". *Fast Company*, 20 de junio de 2012. https://www.fastcompany.com/1840650/how-intangible-corporate-culture-creates-tangible-profits.

Manchester, William. *A World Lit Only by Fire*. New York: Little, Brown, 1992.

McCullough, David. *Mornings on Horseback: The Story of an Extraordinary Family, a Vanished Way of Life, and the Unique Child Who Became Theodore Roosevelt*. New York: Simon & Schuster, 1981.

Morgan, Tony, y William Vanderbloemen. *Next Level Teams: How Fast-Growing Churches Are Mobilizing Their Staff*. Disponible en https://tonymorganlive.com/store/next-level-teams/.

Panama Canal Authority. "The French Canal Construction". PanCanal.com. http://www.pancanal.com/eng/history/history/french.html.

Panama Canal History. "Design of the Locks". PanCanal.com. http://www.pancanal.com/eng/history/history/locks.html.

Panama Canal Railway. "Construction of the First Transcontinental Railroad". Panarail.com. http://panarail.com/en/history/index.html.

Paris, Costas, Robbie Whelan, y Kejal Vyas. "The Panama Canal Expands". *Wall Street Journal*, 20 de junio de 2016.

Pepperman, Walter Leon. *Who Built the Panama Canal?* New York: E. P. Dutton, 1915.

Phillips-Birt, Douglas. "How Big Can Ships Grow?" *New Scientist*, 31 de diciembre de 1970.

Roosevelt, Theodore. "First Annual Message" to Congress. 3 de diciembre de 1901.

The American Presidency Project. http://www.presidency.ucsb.edu/ws/?pid=29542.

Solem, Borge. "The Giant Express Steamers". Norway Heritage. http://www.norwayheritage.com/express-steamers.htm.

Swenson, Richard. *Margin*. Colorado Springs: Navpress, 2004.

Wile, Rob. "100 Years After Its Birth, the Panama Canal Is on the Verge of Creating a Huge New Opportunity for US Exporters". *Business Insider*, 17 de agosto de 2014. http://www.businessinsider.com/panama-canal-expansion-redefine-trade-2014–8.